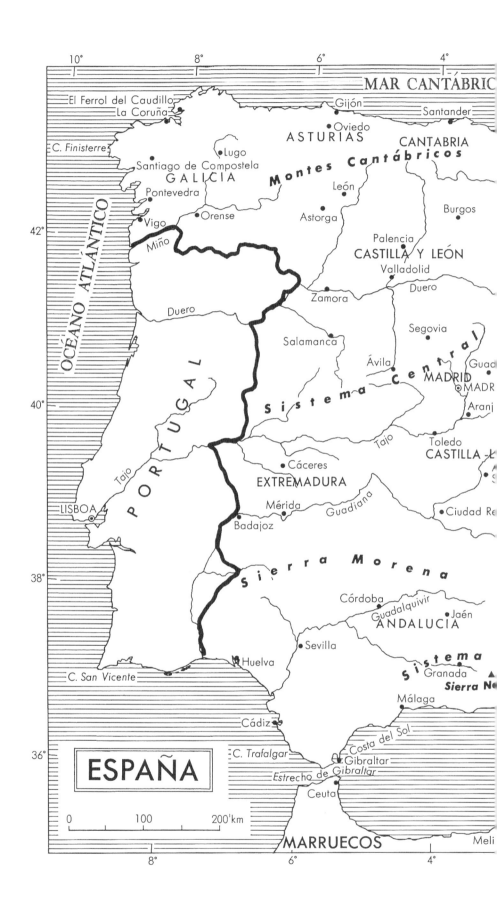

FRANCIA

San Sebastián

Pamplona

NAVARRA

CO

OJA

P i r i n e o s

ANDORRA

Figueras

Huesca

ARAGÓN

CATALUÑA

Gerona

Zaragoza

Lérida

Sabadell

Tarrasa

Costa Brava

Barcelona

Ebro

Tarragona

Tortosa

Teruel

Cuenca

Castellón

ISLAS BALEARES

Menorca

Mahón

Palma

VALENCIA

Valencia

Mallorca

Júcar

Ibiza

Albacete

Alicante

Elche

Costa Blanca

Murcia

MURCIA

bético

Cartagena

MAR MEDITERRÁNEO

OCÉANO ATLÁNTICO

Lanzarote

ISLAS CANARIAS

La Palma

Sta. Cruz
de Tenerife

Fuerteventura

Gomera

Teide

Las Palmas
de Gran
Canaria

Tenerife

Hierro

Gran Canaria

2°

0°

2°

4°

42°

40°

38°

28°

16°

14°

2°

24

lecciones de español
edición revisada

Hiromi Yamamura

HAKUSUISHA

─── 音声ダウンロード ───

  この教科書の音源は、白水社ホームページ（www.hakusuisha.
co.jp/download/）からダウンロードすることができます。
（お問い合わせ先：text@hakusuisha.co.jp）

装丁： 阿部賢司（silent graph）
音声吹込： Paloma Trenado Deán
Juan Carlos Burgos

は じ め に

　今みなさんが手にしているのは 2015 年に刊行された『スペイン語 24 課』の改訂版です．同書が刊行されて以来，語学学習を取り巻く環境は大きな変化を遂げました．それまで紙媒体や電子媒体が主体であった辞書はオンラインに代わられ，作文や講読は AI を利用して行われることも少なくありません．しかし，このような状況にあっても，外国語の修得の基本は変わらないと思います．すなわち，その基礎を身につけるには，文字と発音を学び，もっとも基本的な文法をしっかり理解することが必要なのです．本書は初めてスペイン語を学習する人のための教科書です．1 課が見開き 2 ページからなるコンパクトなテキストですが，その内容はスペイン語の基礎を身につける際に必要不可欠なものからなっており，本書に書かれたことを最後まできちんと理解すれば，その後は，みなさんの興味，関心に従って，スペイン語の自学自習が可能になることでしょう．ただし，本書をより有効に使うためには，次のことに注意してください．

• スペイン語は声に出して読もう．
　本書には単語から例文，さらに，会話文まで様々なスペイン語が出てきます．このスペイン語はダウンロードできる音声教材を聞きながら実際に声に出して読みましょう．そうすればスペイン語の発音練習のみならず，何よりもスペイン語の音の美しさを体得することができます．

• 分からない語，文は自分で調べ，考えてみよう．
　本書は最初の数課をのぞき，単語や文に日本語訳がついていません．それは，みなさん自身にそれらを調べ，考えてもらおうとしたためです．最近では，ネットなどで簡単に多くの情報を得ることもできますが，残念ながら，そのような情報のすべてが適切かと言えば，首をかしげてしまうような場合も少なくありません．ですから，知らないことはやはり自分できちんと調べるという習慣をつけてもらいたいのです．

• 学習の締めは練習問題で．
　各課の 2 ページ目の最後には EJERCICIO という練習問題がついています．これはその課で学習した内容の中でも特に重要と思われるものをきちんと理解したかを確認してもらうためのものなので，そのつもりで臨んでください．また，宿題や復習用として PRÁCTICA が準備されることもあるかもしれませんが，そこには本書では扱えなかった多くの単語が出ています．有効に利用してください．

• Suplemento を大いに活用しよう．
　改訂版には 6 課ごとに Suplemento（補足）が置かれています．そこにはスペイン語で頻出する語彙や文法の追加説明，さらに，講読練習が載っています．特に，講読練習は，MINI-CONVERSACIÓN よりももう少し長くまとまったスペイン語文からなっていますので，まず，辞書なしで，その次には辞書を使って挑戦してみてください．この Suplemento が本書を終えた後のスペイン語学習に役立つことを願っています．

　最後に，本書を作成するにあたってお世話になった方々に感謝の意を表したいと思います．まず，本書の元になった筆者手作りのプリント教材を文句も言わず使用してくれた学生たちです．彼らのおかげで同教材は徐々にバージョンアップし，本書の出版に至りました．また，スペイン語の会話文については神戸市外国語大学の Montserrat Sanz 先生，改訂版のスペイン語文については同僚の Miyoko Fujiyoshi 先生のお世話になりました．先生方の的確な助言のおかげでどれも生き生きしたスペイン語になりました．おしまいに常に適切な助言をしてくださった白水社の鈴木裕子さんにも深く感謝いたします．

2023 年 10 月

山村ひろみ

ÍNDICE

1 ABECEDARIO (ALFABETO)：字母表

◀002

Letras（文字）	Nombre（名前）	Ejemplos（例）	Letras（文字）	Nombre（名前）	Ejemplos（例）
A a	a	**A**sturias	**N n**	ene	Gra**n**ada
B b	be	**B**arcelona	**Ñ ñ**	eñe	Espa**ñ**a
C c	ce	**C**euta **C**olombia	**O o**	o	**O**rense
[Ch ch]	[che]	**Ch**ile	**P p**	pe	**P**otosí
D d	de	Trini**dad**	**Q q**	cu	**Q**uito
E e	e	**E**cuador	**R r** **[rr]**	ere erre	**C**á**c**eres **R**oma Co**rr**ientes
F f	efe	Cien**f**uegos	**S s**	ese	**S**ucre
G g	ge	Anti**g**ua Ar**g**entina	**T t**	te	**T**oledo
H h	hache	La **H**abana	**U u**	u	**U**r**u**guay
I i	i	F**i**l**i**p**i**nas	**V v**	uve	Sego**v**ia
J j	jota	**J**apón	**W w**	uve doble	**W**ashington
K k	ka	To**k**io	**X x**	equis	E**x**tremadura Mé**x**ico
L l	ele	**L**ima	**Y y**	ye (i griega)	Paragua**y** **Y**ucatán
[Ll ll]	[elle]	Ma**ll**orca	**Z z**	zeta	**Z**amora
M m	eme	**M**adrid			

◆ [ ] で囲まれた ch，ll と rr は 1994 年以来，スペイン語のアルファベットからは削除されています．y は慣習的に i griega とも呼ばれています．

VOCALES：母音　　　**a**　**e**　**i**　**o**　**u**

COMBINACIÓN DE CONSONANTES Y VOCALES：子音と母音の組み合わせ

	A	E	I	O	U
B	ba	be	bi	bo	bu
C	ca	(**que**)	(**qui**)	co	cu
		ce	ci		
[Ch]	cha	che	chi	cho	chu
D	da	de	di	do	du
F	fa	fe	fi	fo	fu
G	ga	(**gue**)	(**gui**)	go	gu
		ge	**gi**		
		güe	güi		
H	**ha = a**	**he = e**	**hi = i**	**ho = o**	**hu = u**
J	ja	**je = ge**	**ji = gi**	jo	ju
K	ka = ca	**ke = que**	**ki = qui**	ko = co	ku = cu
L	la	le	li	lo	lu
[Ll]	lla	lle	lli	llo	llu
M	ma	me	mi	mo	mu
N	na	ne	ni	no	nu
Ñ	ña	ñe	ñi	ño	ñu
P	pa	pe	pi	po	pu
Q		que = **ke**	qui = **ki**		
R	-ra	-re	-ri	-ro	-ru
	-rra	-rre	-rri	-rro	-rru
	ra	re	ri	ro	ru
S	sa	se	si	so	su
T	ta	te	ti	to	tu
V	**va = ba**	**ve = be**	**vi = bi**	**vo = bo**	**vu = bu**
X	xa	xe	xi	xo	xu
Y	ya	ye	yi	yo	yu
Z	**za**	**ze = ce**	**zi = ci**	**zo**	**zu**

3 NÚMEROS（数詞 0–10） ◀004

0 cero　　1 uno　　2 dos　　3 tres　　4 cuatro　　5 cinco

6 seis　　7 siete　　8 ocho　　9 nueve　　10 diez

● EJERCICIO ◀005

以下はスペイン語のあいさつです．発音しましょう．

1. A：やあ！　元気？　　　　　　　¡Hola! ¿Qué tal?
   B：元気だよ，あなたは？　　　　Bien, ¿y tú?
   A：私も元気よ，ありがとう．　　Yo también bien, gracias.

2. こんにちは，〜先生！
   ¡Buenos días（あるいは Buenas tardes）, profesora（あるいは profesor）〜！

1 アクセントはどの母音にあるか？ ◀006

> (1) 母音または n, s で終わる語は後ろから 2 番目の母音にアクセント.
>
>   例 lib**r**o ca**s**a pa**r**que jo**v**en lu**n**es
>
> (2) n, s 以外の子音で終わる語は最後の母音にアクセント.
>
>   例 se**ñ**or espa**ñ**ol ciu**d**ad
>
> (3) アクセント符号がついている場合はその母音にアクセント.
>
>   例 ca**f**é tel**é**fono Mar**í**a estaci**ó**n adi**ó**s

2 二重母音と二重子音 ◀007

① 開母音と閉母音：スペイン語の母音（a, e, i, o, u）は開母音と閉母音に分けられます.
  （開母音は強母音，閉母音は弱母音とも呼ばれます）

開母音 … **a e o**
閉母音 … **i u**

② 二重母音：以下の表の「開＋閉」，「閉＋開」，「閉＋閉」の組み合わせを**二重母音**と呼び，**一つの母音**として扱います.

> (1) 開母音＋閉母音：**ai ei oi au eu ou**　　例 aire seis pausa
>
> (2) 閉母音＋開母音：**ia ie io ua ue uo**　　例 piano novio bueno
>
> (3) 閉母音＋閉母音：**iu ui**　　　　　　　　　　例 cuidado viuda

◆「開＋開」，「アクセント符号のついた閉＋開」，「開＋アクセント符号のついた閉」は，それぞれ独立した二つの母音として扱われます.

③ 二重子音：次の組み合わせからなる 2 つの子音の連続を**二重子音**と呼び，**一つの子音**として扱います.

pr br tr dr cr gr fr　　例 profesor broma otro Madrid Cristo
pl bl　　　　cl gl fl　　例 pluma posible clima flor

3 NÚMEROS (11–19) ◀008

11 once　　12 doce　　13 trece　　14 catorce　　15 quince
16 dieciséis　　17 diecisiete　　18 dieciocho　　19 diecinueve

◆ dieci... は 10 の diez と and を表す y が結合してできたものです.

A : Hola, soy Taro. ¿Y tú? 　　　　　やあ，僕タロウ．で，君は？
B : Yo soy María. Encantada. 　　　　私はマリア．はじめまして．

A : Hola, soy Mika. ¿Y tú? 　　　　　こんにちは，私ミカ．で，あなたは？
B : Yo soy José. Encantado. 　　　　僕はホセだよ，はじめまして．

A : Buenas tardes. 　　　　　　　　　こんにちは．
B : Buenas tardes, señorita (señor). 　こんにちは，お嬢さん．
A : Soy Mika Sato (Taro Yamada). 　　ミカ・サトウ（タロウ・ヤマダ）です．
B : Sí, señorita Sato (señor Yamada). 　はい，サトウ（ヤマダ）さん．
　　Bienvenida (Bienvenido). 　　　　ようこそ．
A : Gracias. 　　　　　　　　　　　　ありがとう．

● EJERCICIO

① 以下はスペイン語を公用語とする国や地域の名前と首都名です．アクセントに気をつけて正しく発音しましょう．また，地図で各国・各地域の位置を確認しましょう．　◀010

1. España: Madrid
2. México: Ciudad de México
3. Guatemala: Ciudad de Guatemala
4. El Salvador: San Salvador
5. Nicaragua: Managua
6. Costa Rica: San José
7. Panamá: Panamá
8. Honduras: Tegucigalpa
9. Cuba: La Habana
10. República Dominicana: Santo Domingo
11. Puerto Rico: San Juan
12. Venezuela: Caracas
13. Colombia: Bogotá
14. Ecuador: Quito
15. Perú: Lima
16. Chile: Santiago de Chile
17. Argentina: Buenos Aires
18. Uruguay: Montevideo
19. Paraguay: Asunción
20. Bolivia: La Paz / Sucre
21. Guinea Ecuatorial: Malabo

② アクセントのある母音の下に下線を引きましょう．　◀011

1. moto	2. Aranjuez	3. aire	4. pausa
5. Carlos	6. Antonio	7. abril	8. Carmen
9. cuestión	10. verdad	11. Barcelona	12. estudiante

LECCIÓN **3**

1 主語人称代名詞

◀012

	単　数		複　数	
1 人称	私は	**yo**	私たちは 私たちは（全員女性）	**nosotros** **nosotras**
2 人称	あなたは［親称］	**tú**	あなたたちは［親称］ あなたたちは（全員女性）	**vosotros** **vosotras**
3 人称	彼は 彼女は あなたは［敬称］	**él** **ella** **usted (Ud.)**	彼らは 彼女たちは あなたがたは［敬称］	**ellos** **ellas** **ustedes (Uds.)**

◆「あなた［親称］」は話し手にとって気安い相手に対して，「あなた［敬称］」は日本語で敬語を用いるような相手に対して使います．

◆ usted は「あなたの恩恵」を意味する vuestra merced が短縮してできた形です．vuestra merced が 3 人称扱いの名詞句なので usted も同じ 3 人称扱いになります．

2 動詞 ser の活用形と用法：「～は…です」

◀013

yo	**soy**	chino / china	中国人
tú	**eres**	español / española	スペイン人
él / ella / usted	**es**	japonés / japonesa	日本人
nosotros / nosotras	**somos**	chinos / chinas	
vosotros / vosotras	**sois**	españoles / españolas	
ellos / ellas / ustedes	**son**	japoneses / japonesas	

◆ 動詞 ser は「A は B である」の主語 A と補語 B をつなぐ動詞です．ser は辞書の見出しの形式で**不定詞**と呼ばれます．

◆ スペイン語の動詞は主語の種類に応じて 6 通り形を変えます．

3 名詞の性①・数

◀014

◆ スペイン語の人を表す名詞には男性形と女性形があります．女性形は次のように作られます．

女性形の作り方

男性形が -o で終わるもの：-o を -a にする．　chino　→ chin**a**
男性形が子音で終わるもの：-a を付け加える．　español → español**a**
　　　　　　　　　　　　　　　　　　　　　japonés → japones**a**

◆ スペイン語の名詞には単数形と複数形があります．

複数形の作り方

単数形が母音で終わるもの：-s を付け加える．　chino　→ chino**s**
単数形が子音で終わるもの：-es を付け加える．　español → español**es**
　　　　　　　　　　　　　　　　　　　　　japonés → japones**es**

4 疑問文，否定文，主語の省略

¿Eres japonesa? —Sí, soy japonesa.

¿Es usted chino? —No, no soy chino. Soy japonés.

¿María es mexicana? —No, es española.

◆ スペイン語の yes は **sí**, no は **no** です．スペイン語の疑問文の文頭には **¿** をつけます．

◆ スペイン語では誤解が生じない限り，主語は積極的に省略されます．

◆ スペイン語の否定文は動詞の前に否定の副詞 no をつけて作ります．

否定文の作り方
主語　+　**no**　+　動詞　　　　María **no** es italiana.

● MINI-CONVERSACIÓN

Carmen : Hola, soy Carmen. Soy española.

Akira :　Yo soy Akira. Mucho gusto.

Carmen : Mucho gusto. ¿Eres chino?

Akira :　No, no soy chino. Soy japonés.

Rika :　Entonces, Juan, adiós, hasta mañana.

Juan :　Hasta luego.

● EJERCICIO

① 日本語に合うように（　）には ser の活用形を入れ，下線部分には適切な名詞を入れましょう．

1. 私は日本人です．　　　　　　　　　　　Yo (　　　　) ＿＿＿＿＿.
2. マリアとフアンはスペイン人です．　　　María y Juan (　　　　) ＿＿＿＿＿.
3. マリアとカルメンはスペイン人です．　　María y Carmen (　　　　) ＿＿＿＿＿.
4. アントニオと僕はペルー人（peruano）です． Antonio y yo (　　　　) ＿＿＿＿＿.
5. イバンと君はロシア人（ruso）です．　　Iván y tú (　　　　) ＿＿＿＿＿.
6. あなたと私は日本人です．　　　　　　　Usted y yo (　　　　) ＿＿＿＿＿.
7. 君はアルゼンチン人（argentino）です．　Tú (　　　　) ＿＿＿＿＿.
8. ピラールはメキシコ人（mexicano）です．Pilar (　　　　) ＿＿＿＿＿.
9. マリアはフランス人（francés）です．　María (　　　　) ＿＿＿＿＿.
10. カルロスとマリアはブラジル人（brasileño）です． Carlos y María (　　　　) ＿＿＿＿＿.

② 例にならって，質問文に答えましょう．

　　　Ejemplo:　¿Es usted español? / Sí　　　　　Sí, soy español.
　　　　　　　　¿Sois chinos? / No japonés　　　　No, no somos chinos. Somos japoneses.

1. ¿Eres española? / Sí
2. ¿Sois brasileños? / No portugués
3. ¿Juan es madrileño? / Sí
4. ¿Carmen y Teresa son argentinas? / No chileno
5. ¿Juan y usted son mexicanos? / Sí

LECCIÓN 4

1 疑問詞を伴った疑問文
◆017

♦ 疑問詞を伴った疑問文には以下のような**一定の語順**があります.

> ¿ （前置詞） ＋ 疑問詞 ＋ 動詞 ＋ 主語 ？
>
> ¿**Qué** es usted? — Soy estudiante.　　　　　　　　**qué** 何
>
> ¿**Quién** es usted? — Soy José María López Fernández.　　**quién** 誰
>
> ¿De **dónde** es usted? — Soy de Japón.　　　　　　**dónde** どこ

2 名詞の性②
◆018

♦ スペイン語の名詞は文法上の性（género）を持ち，すべて男性名詞か女性名詞のいずれかに属しています．
各名詞の性は，だいたい以下のようにして知ることができます.

> -o で終わる名詞　　　　　　　　　　　→　**男性名詞**　　⑨　m (masculino)
>
> 　⑩ lib**ro** 本　　vi**no** ワイン　　equi**po**（スポーツの）チーム
>
> -a, -ción, -sión, -tión, -dad で終わる名詞 → **女性名詞**　　⑨　f (femenino)
>
> 　⑩ cas**a** 家　　cervez**a** ビール　　lig**a**（スポーツの）リーグ（戦）
>
> 　　esta**ción** 駅　　impre**sión** 印象　　cue**stión** 問題・話題　　universi**dad** 大学
>
> 例外もあります.
>
> 　⑩ día 日（m）　　problema 問題・課題（m）　　mano 手（f）
>
> 自然性を持つ名詞はその性に従います.
>
> 　⑩ padre 父（m）　　madre 母（f）

3 名詞の性数と冠詞
◆019

♦ スペイン語の冠詞は，以下のように，後続する名詞の性数に応じて形を変えます.

	定 冠 詞			不 定 冠 詞	
el	libro	その（例の）本	**un**	libro	一冊の（ある）本
la	casa	その（例の）家	**una**	casa	一軒の（ある）家
los	libros	その（例の）本（複数）	**unos**	libros	数冊の本
las	casas	その（例の）家（複数）	**unas**	casas	数軒の家

4 名詞の性数と形容詞の変化
◆020

♦ スペイン語の形容詞は，普通，【名詞の後ろ】におかれ，その名詞の性数に応じて，形を変えていきます.

> ① **男性単数形が -o で終わるとき**
>
> **blanco**　　el　libro　**blanco**　　　　**pequeño**　　el　libro　**pequeño**
>
> （白い）　　la　casa　**blanca**　　　　（小さい）　la　casa　**pequeña**
>
> 　　　　　los　libros　**blancos**　　　　　　　　los　libros　**pequeños**
>
> 　　　　　las　casas　**blancas**　　　　　　　　las　casas　**pequeñas**

<table>
<tr><td colspan="3">② 男性単数形が -o 以外で終わるとき</td></tr>
</table>

azul	un	libro	**azul**		**grande**	un	libro	**grande**
(青い)	una	casa	**azul**		(大きい)	una	casa	**grande**
	unos	libros	**azul**es			unos	libros	**grande**s
	unas	casas	**azul**es			unas	casas	**grande**s

◆ 形容詞の変化は，主語となる名詞と形容詞の間に動詞が入る場合にも起こります.

El libro es blanc**o**. La casa es blanc**a**.

Los libros son blanc**os**. Las casas son blanc**as**.

Juan : Hola, Rika. ¿qué tal?

Rika : Bien, ¿y tú?

Juan : Yo también bien, gracias. Por cierto, ¿qué tal la clase de español?

Rika : Es muy interesante.

Carmen : Oye, Akira, ¿quién es ella?

Akira : Ah, es Rika. Es una compañera de clase.

Carmen : ¿De dónde es?

Akira : Es de Japón, de Tokio.

● EJERCICIO

① 日本語に合うように，（ ）には冠詞を，点線部分には適切な形容詞を書き入れましょう.

1. ひとつの素敵な帽子　　　　　　（　　　　） sombrero [bonito] _____

2. ある快適な部屋　　　　　　　　（　　　　） habitación [cómodo] _____

3. 例の感じがいい女の子　　　　　（　　　　） chica [simpático] _____

4. 例のドイツ製の自動車　　　　　（　　　　） coches (m) [alemán] _____

5. 一足の値段の高いスニーカー　　（　　　　） zapatillas [caro] _____

② 日本語に合うように，（ ）には定冠詞，また，点線部分には ser の活用形，下線部分には適切な形容詞の形を書き入れましょう.

1. その公園は小さい.　　　　　　　　（　　　　） parque (m) _____ _____ .

2. その靴は黒い（negro）.　　　　　　（　　　　） zapatos _____ _____ .

3. そのTシャツは緑色（verde）だ.　　（　　　　） camiseta _____ _____ .

4. その女の子たちは美人（guapo）だ.（　　　　） chicas _____ _____ .

5. その男の子たちは感じがいい（simpático）. （　　　　） chicos _____ _____ .

6. スペイン語は難しい（difícil）.　　（　　　　） español _____ _____ .

③ あなたの立場で次の質問に答えましょう.

1. ¿Qué eres? _____

2. ¿Quién eres? _____

3. ¿De dónde eres? _____

4. ¿Es el español fácil o difícil? _____

LECCIÓN 5

1 hay ～「～があります／います」

◆ **hay** ～ は ～ が示すモノ・人の【存在】を示す表現です．hay に後続する ～ の部分には不定冠詞・数詞，無冠詞の名詞句がきます．

～の存在を表す文：**hay** ～
hay + { 不定冠詞 / 数詞 / 無冠詞 } + 名詞

Oiga, por favor, ¿**hay** un banco por aquí?　　すみません，このあたりに銀行ありますか．
En el parque **hay** dos niños y tres niñas.　　公園には 2 人の男の子と 3 人の女の子がいる．
En la nevera **hay** café y leche.　　冷蔵庫にはコーヒーと牛乳がある．

2 所有形容詞（前置形）

◆ スペイン語の所有形容詞には名詞の前におかれるもの（前置形）と後ろにおかれるもの（後置形）の 2 種類があります．どちらも【形容詞】ですから，修飾する名詞の性数に応じて形が変わります．ここでは，前置形を扱います．

私の	**mi**	libro	私たちの	**nuestro**	libro
	mi	casa		**nuestra**	casa
	mis	libros		**nuestros**	libros
	mis	casas		**nuestras**	casas
あなたの	**tu**	libro	あなたたちの	**vuestro**	libro
	tu	casa		**vuestra**	casa
	tus	libros		**vuestros**	libros
	tus	casas		**vuestras**	casas
彼の・彼女の・あなたの	**su**	libro	彼らの・彼女たちの・あなたがたの	**su**	libro
	su	casa		**su**	casa
	sus	libros		**sus**	libros
	sus	casas		**sus**	casas

3 指示形容詞

◆ 指示形容詞は遠近を表す形容詞です．スペイン語の指示形容詞には「この・その・あの」の 3 種類があります．指示形容詞も【形容詞】なので，それが修飾する名詞の性数に応じて形が変わります．

この		その		あの	
este	libro	**ese**	libro	**aquel**	libro
esta	casa	**esa**	casa	**aquella**	casa
estos	libros	**esos**	libros	**aquellos**	libros
estas	casas	**esas**	casas	**aquellas**	casas

4 動詞 estar の活用形と用法 ① :「〜は…にあります / います」

◆ estar は存在することが分かっているモノ・人の所在場所を表す表現です.

yo	**estoy**	en casa.	家に
tú	**estás**	en la biblioteca.	図書館に
él	**está**	en la universidad.	大学に
nosotros	**estamos**	cerca de la estación.	駅の近くに
vosotros	**estáis**	delante del cine.	映画館の前に (**del ← de + el**)
ellos	**están**	al lado de la cafetería.	カフェの隣に

◆ モノ・人の所在を尋ねる際には, 【¿**dónde** + estar の活用形＋主語 ?】 になります.

¿Dónde está tu universidad? —Está en el centro de la ciudad.

● MINI-CONVERSACIÓN

Akira : Perdón, ¿hay un cajero automático por aquí?
Señora : Sí, hay uno.
Akira : ¿Dónde está?
Señora : Mira, está allí.
Akira : Ah, vale. Muchas gracias.
Señora : De nada.

Rika : Oye, Juan, ¿cómo son tus padres?
Juan : Pues, mi padre es alegre y muy trabajador y mi madre es muy cariñosa.

Carmen : Oye, Akira, ¿dónde está tu casa?
Akira : Está en la calle Mayor.
Carmen : Ah, ¿sí? Entonces, está muy cerca de mi casa.

● EJERCICIO

① 日本語に合うように, ( ) には適切な所有形容詞, 点線部分には estar の適切な活用形を書き入れましょう.

1. 僕のメガネはどこにある？　　　　　　¿Dónde ＿＿＿＿ (　　　　) gafas?
あそこだよ.　　　　　　　　　　　　　　＿＿＿＿ allí.

2. 彼の両親の家は町から遠くにあります. La casa de (　　　) padres ＿＿＿ lejos de la ciudad.

② 日本語に合うように, ( ) には適切な指示形容詞, 点線部分には ser の適切な活用形, 下線部分には適切な形容詞の形を書き入れましょう.

1. この雑誌は面白い (**interesante**) が, あの雑誌はつまらない (**aburrido**).
(　　　) revista ＿＿＿ ＿＿＿ pero (　　　) revista ＿＿＿ ＿＿＿ .

2. その自動車は誰の？　—あのご婦人のです.
¿De quién ＿＿＿ (　　　) coche? — ＿＿＿ de (　　　) señora.

③ MINI-CONVERSACIÓN を参考にして次の日本語をスペイン語にしましょう.

1. ねえ，（友だちに対して）あなた，どこにいるの？ —図書館にいるよ.
2. すみません，この辺に観光案内所 (**oficina de turismo**) ありますか.
3. すみません，ここどこですか？

LECCIÓN 6

1 直説法現在形の活用：規則動詞
◀027

◆ スペイン語の動詞は不定詞（辞書の見出しの形）の最後の二文字がどうなっているかによって，**-ar 動詞**，**-er 動詞**，**-ir 動詞**の 3 つのグループに分けられます．

◆ 各グループの現在形には下の表のような活用パターンがあります．この活用パターンに従うものは【規則動詞】とみなされます．その現在形がこの活用パターンと異なるものは【不規則動詞】とみなされます．

	hablar（話す）	comer（食べる）	vivir（住む）
yo	hablo	como	vivo
tú	hablas	comes	vives
él／ella／Ud.	habla	come	vive
nosotros(as)	hablamos	comemos	vivimos
vosotros(as)	habláis	coméis	vivís
ellos／ellas／Uds.	hablan	comen	viven

Marta es mexicana y habla japonés muy bien.

José es de Sevilla, pero ahora vive en Valencia.

2 直接目的語
◀028

◆ 日本語の「～を」に相当する直接目的語の【名詞】は【動詞の後ろ】におきます．ただし，直接目的語が【人】の場合には，その前に前置詞の **a** をおきます．

¿Qué esperas? —Espero **un taxi**.

¿A quién esperas? —Espero **a María**.

3 直接目的語の代名詞
◀029

◆ スペイン語の直接目的語となる【代名詞】は，以下のとおりです．

私を	**me**	私たちを	**nos**
あなたを	**te**	あなたたちを	**os**
彼を	**lo** (le)	彼らを	**los**
あなたを（男性）	**lo** (le)	あなたがたを（男性）	**los**
彼女を	**la**	彼女たちを	**las**
あなたを（女性）	**la**	あなたがたを（女性）	**las**
それを（男性）	**lo**	それらを（男性）	**los**
それを（女性）	**la**	それらを（女性）	**las**

◆ 直接目的語となる【代名詞】は，【活用した動詞の前】におきます．

José, ¿dónde **me** esperas? —Bueno, **te** espero en la biblioteca.

◆ 3 人称の代名詞は，元となる名詞の性・数に応じて **lo**, **la**, **los**, **las** と形を変えます．

Juan, ¿compras este libro? —Sí, **lo** compro.

María, ¿compras aquellas camisetas? —Sí, **las** compro.

¿Vosotros compráis el piso? —No, no **lo** compramos.

16

◆ スペインでは 3 人称が男性単数の【人】の場合，**lo** の代わりに **le** が使われることがあります.

¿Dónde esperas a Juan? —Lo (Le) espero en casa.

4 NÚMEROS (20–29)

◀030

20 veinte	21 veintiuno	22 veintidós	23 veintitrés	24 veinticuatro
25 veinticinco	26 veintiséis	27 veintisiete	28 veintiocho	29 veintinueve

◆ veinti... は veinte と y が結合してできたものです.
◆ 21 については，後続する名詞が男性のときは veintiún，女性のときは veintiuna となります.

● MINI-CONVERSACIÓN

◀031

Camarero : Buenos días, señorita, ¿qué toma usted?
Señorita : Un café con leche, por favor.
Camarero : Muy bien.

Chico : Hola, soy Antonio. Estudio primero de Económicas. ¿Y tú?
Rika : Yo estudio español en el curso para extranjeros.

(Hablando por el móvil)
Akira : Oye, Carmen, ¿dónde estás ahora?
Carmen : Estoy en el comedor.
Akira : Mira, necesito tu ayuda. ¿Me acompañas a la secretaría?
Carmen : Vale.

● EJERCICIO

① 以下はよく使われる規則動詞です. それぞれ現在形に活用させましょう.

1. estudiar (勉強する)　**2.** trabajar (働く)　**3.** comprar (買う)　**4.** esperar (待つ)　**5.** visitar (訪れる)
6. beber (飲む)　**7.** leer (読む)　**8.** vender (売る)　**9.** comprender (理解する)　**10.** aprender (習う)
11. escribir (書く)　**12.** abrir (開ける)　**13.** recibir (受け取る)　**14.** partir (出発する・分ける)

② 例にならって質問文に答えましょう.

Ejemplo: ¿Qué estudias? / Derecho　　　　　Estudio Derecho.

1. ¿Dónde trabaja tu padre? / en un banco
2. ¿Qué estudiáis? / Medicina
3. ¿Cuándo parte usted para Barcelona? / mañana
4. ¿Dónde espera José a Rika? / en la biblioteca
5. ¿Qué lees? / una novela

③ 例にならって質問文に答えましょう.

Ejemplo: ¿Tomas este vino? / Sí　　　　　Sí, lo tomo.

1. ¿Visitáis el museo? / Sí
2. ¿Lee Juan las revistas? / No
3. ¿Compran ustedes aquel piso? / Sí
4. ¿Me comprendes? / Sí
5. ¿María recibe el paquete? / No

1 音節の分け方

◆ アクセントの位置を知るためには，各語を正しく音節に分ける必要があります．音節の分け方は次のとおりです．

① 母音と母音の間に子音が1つあるとき，その子音の前で音節が区切られます．ch, ll, rr と二重子音はひとつの子音として扱います．

    mo/to   Ma/drid   co/che   ca/lle   pe/rro

② 母音と母音の間に子音が2つあるとき，その2つの子音の間で音節が区切られます．

    Es/pa/ña   car/ta   Car/men   Bar/ce/lo/na   pin/cho   en/tra/da

③ 母音と母音の間に子音が3つあるとき，子音 s の後で音節が区切られます．

    ins/tan/te   cons/truc/ción

2 曜日・月・季節の表現

曜　日

lunes	月曜日	martes	火曜日	miércoles	水曜日	jueves	木曜日
viernes	金曜日	sábado	土曜日	domingo	日曜日		

月の名前

enero	1月	febrero	2月	marzo	3月	abril	4月
mayo	5月	junio	6月	julio	7月	agosto	8月
septiembre	9月	octubre	10月	noviembre	11月	diciembre	12月

季節の名前

primavera	春	verano	夏	otoño	秋	invierno	冬

◆ 上の語句と動詞 ser あるいは estar を組み合わせると曜日，日付，季節の表現になります．曜日，月の名前は小文字で書かれます．

    ¿Qué día es hoy? —Hoy es martes.

      今日は何曜日ですか．──今日は火曜日です．

    ¿Qué fecha es hoy? —Hoy es 15 de septiembre.

      今日は何日ですか．──今日は9月15日です．

    ¿A qué (cuántos) estamos hoy? —Estamos a 28 de agosto.

      今日は何日ですか．──8月28日です．

    ¿En qué estación estáis en Japón? —Estamos en otoño.

      日本はどんな季節ですか．──秋です．

◆ 土曜日と日曜日以外の曜日のように，-s で終わり，アクセントが最後から二番目の音節にある語は単複同形になります．

> Estudiamos español los martes.
>> 私たちは毎週火曜日にスペイン語を勉強します．

3 主なあいさつ表現

◆ 出会いの表現

Hola.	一日のいつでも使うことができる表現．「やあ．」
Buenos días.	朝から昼食の前までに使われる表現．「おはようございます / こんにちは．」
Buenas tardes.	昼食後から夕方までに使われる表現．「こんにちは．」
Buenas noches.	日没後に使われる表現．「こんばんは / おやすみなさい．」
Buenas.	Buenas tardes のインフォーマルな表現．

◆ 別れの表現

Adiós.	「さようなら．」
Hasta luego.	また後で会うことが分かっているとき．「それでは，また．」
Hasta mañana.	「また明日．」

4 簡単な自己紹介

これまで学習した動詞を使って簡単な自己紹介をしてみよう．

Hola, soy ＿＿＿＿＿＿. Encantado(a). Soy de ＿＿＿＿＿＿. Vivo en ＿＿＿＿＿＿. Soy estudiante de ＿＿＿＿＿＿ y estudio primero (el primer curso)[1] de ＿＿＿＿＿＿[2]. También estudio español como segunda lengua extranjera[3].

(1) primer curso　第一年次課程　　primero　第一年（次）
(2) 学部名を入れます．学部名は大文字で書きます．

Derecho　法学	Económicas (Economía)　経済学	Letras　文学
Ingeniería　工学	Ciencias　理学	Agronomía　農学
		Medicina　医学

(3) como segunda lengua extranjera　第二外国語として

5 講読練習

Hola, soy María Teresa. Soy de Sevilla, pero ahora vivo en Barcelona. Estudio japonés en la universidad. El japonés es muy difícil porque en japonés hay muchas letras chinas llamadas "kanjis", pero es muy interesante. Mis padres viven en Sevilla. Mi padre trabaja en un banco y mi madre enseña inglés en un instituto. Son alegres y muy trabajadores.

LECCIÓN **7**

1 不規則動詞①：語幹母音変化動詞

◆ 動詞の中には，活用のときに語幹の母音が変化するものがあります．このような動詞のことを【語幹母音変化動詞】といいます．

① **e → ie** 型   ◀032

	pensar（考える）	querer（*want*）	sentir（感じる，残念に思う）
yo	p**ie**nso		
tú	p**ie**nsas		
él	p**ie**nsa		
nosotros	pensamos		
vosotros	pensáis		
ellos	p**ie**nsan		

② **o → ue** 型   ◀033

	recordar（覚えている）	poder（〜できる）	dormir（眠る）
yo	rec**ue**rdo		
tú	rec**ue**rdas		
él	rec**ue**rda		
nosotros	recordamos		
vosotros	recordáis		
ellos	rec**ue**rdan		

③ **e → i** 型（-ir 動詞のみ）   ◀034

	repetir（繰り返す）	corregir（修正する）
yo	rep**i**to	corr**i**jo
tú		
él		
nosotros		
vosotros		
ellos		

④ **u → ue** 型（jugar のみ）   ◀035

	jugar（*play*）
yo	j**ue**go
tú	
él	
nosotros	
vosotros	
ellos	

2 querer の用法　◀036

♦ **querer** は英語の *want* に相当しますが，直接目的語が【人】の場合には【〜を愛している】という意味になります．

> Quiero un café con leche. Y tú, ¿qué quieres? —Yo quiero un zumo de naranja.
> Juan, ¿me quieres? —Sí, te quiero.

♦【**querer** ＋不定詞】は，「〜したい」という願望を表します．

> Oye, María, ¿qué quieres hacer mañana? —Pues, quiero descansar en casa.

3 poder の用法　◀037

♦【**poder** ＋不定詞】は，「〜することができる」という可能表現になります．

> Hoy no puedo asistir a las clases por un asunto familiar.
> Carmen, ¿puedes abrir la ventana, por favor? —Sí, claro.
> ¿Puedo fumar? —No, no puedes.

4 NÚMEROS (30–99)　◀038

30 treinta	31 treinta y uno	40 cuarenta	50 cincuenta	60 sesenta
70 setenta	80 ochenta	90 noventa	99 noventa y nueve	

31 libros = treinta y un libros　　31 casas ＝ treinta y una casas

♦ 31 以上の数詞では十の位と一の位の間に y を置きます．
♦ uno と -uno で終わる数詞は後続する名詞の性に従って変化します．

● MINI-CONVERSACIÓN　◀039

El dueño del bar :　Hola, ¿qué quieres tomar?
Rika :　　　　　　Un café cortado, por favor.
El dueño del bar :　Vale.

(Hablando por el móvil)
Rika :　Hola, Juan, ¿dónde estás ahora?
Juan :　Estoy en la universidad.
Rika :　¿Puedes venir a mi casa?
Juan :　Sí, pero ¿qué pasa?
Rika :　Es que mi ordenador no funciona. Así que te necesito.

● EJERCICIO

① **querer** を用いて次の日本語をスペイン語にしましょう．

　1. 君，このマンガ（manga, [m]）ほしいかい．——うん，ほしいな．
　2. あなた今日の午後（esta tarde）何をしたい？——えーと，家で勉強したい．
　3. こんばんは，お客様（señores），何を注文なさりたいですか．
　4. 君たち，今年の夏（este verano）は何したい？——ヨーロッパを旅行したい．（viajar por Europa）

② **poder** を用いて次の日本語をスペイン語にしましょう．

　1. リカはパーティに来られる？ 僕，彼女と日本語で話したいんだ．
　2. アキラ，その窓閉めてくれる（cerrar）？——OK.
　3. 明日（mañana）僕たちはサッカーをする（jugar al fútbol）ことができない．

1 不規則動詞②：現在 1 人称単数形が -go になる動詞　◀040

◆ 動詞の中には，次のように現在 1 人称単数形が **-go** になるものがあります．

	hacer（する）	tener（持つ）	venir（来る）	decir（言う）	oír（聞く）
yo	ha**go**	ten**go**	ven**go**	di**go**	oi**go**
tú	haces	**tie**nes	v**ie**nes	d**i**ces	o**y**es
él	hace				o**y**e
nosotros	hacemos	tenemos	venimos	decimos	
vosotros	hacéis	tenéis	venís	decís	
ellos	hacen				o**y**en

2 tener の用法　◀041

◆ **tener** は「〜を持つ」という意味を持つ動詞です．

　　¿Tienes hermanos? —Sí, tengo un hermano y una hermana.
　　　　　　　　　　—No, no tengo hermanos.

◆ **tener** は目的語に状態を表す名詞を従え，主語の人の状態を表すことができます．

tener	hambre（空腹, [f]）	空腹だ.
	calor / frío（暑さ, [m] / 寒さ）	暑い / 寒い.
	dolor de cabeza（頭痛, [m]）	頭が痛い.
	〜 años（〜歳）	〜歳だ.

　　¿Tiene usted hambre? —Sí, tengo mucha hambre.
　　Tengo frío. ¿Puedes cerrar la ventana, por favor?
　　¿Cuántos años tienes? —Tengo 19 años.

◆ 【tener que ＋不定詞】は「〜しなければならない」という意味を表します．
　　Esta noche tengo que estudiar en casa porque mañana hay un examen de español.

3 estar の用法②：一時的状態の表現「〜は…（という状態）です」　◀042

◆ **estar** は後ろに形容詞・副詞を従え，主語の人・モノの一時的状態を表します．
　　Buenos días, profesor, ¿cómo está usted? —Estoy muy bien, gracias.
　　Perdón, ¿esta mesa está ocupada? —No, está libre.

4 hacer の用法　◀043

◆ **hacer** は「〜をする」という意味を持つ動詞です．
　　María, ¿qué hace tu padre? —Mi padre trabaja en un banco.
◆ **hacer** の 3 人称単数形は天候表現に用いられます．天候表現には【hacer ＋天候を表す名詞】からなるものと **llover**（雨が降る），**nevar**（雪が降る）のように独自の動詞によって表されるものがあります．どの動詞であれその 3 人称単数形になるという点は同じです．
　　¿Qué tiempo hace hoy en Tokio? —Hace buen tiempo / mal tiempo / calor.

En Japón llueve mucho en junio. Es la temporada de lluvias.

¿Nieva mucho en Japón? —Depende de la zona.

5 muy と mucho

◆ **muy** は英語の *very* に相当する副詞で，後ろに形容詞・副詞を従えます.

María, ¿cómo es tu novio? —Es muy guapo y simpático.

◆ **mucho** は名詞に前置されて「たくさんの」を意味する形容詞の用法と，動詞の直後におかれて「とても」「よく」「大変」などを意味する副詞の用法があります.

Tengo mucho dinero / mucha suerte / muchos amigos / muchas amigas.

Esta noche tengo que estudiar mucho en casa porque mañana tengo un examen.

● MINI-CONVERSACIÓN

Akira : Hola, ¿qué tal?

Carmen : Estoy muy bien, pero tengo hambre.

Rika : Hola, Juan, ¿cómo estás?

Juan : Estoy muy ocupado porque mañana tengo un examen de economía y tengo que estudiar mucho en casa.

(Hablando por el móvil)

Carmen : Akira, ¿qué tiempo hace en Barcelona?

En Madrid hace muy buen tiempo y el cielo está muy azul.

Akira : ¡Buf! Aquí llueve mucho.

● EJERCICIO

① 日本語に合うように （ ） に **tener**, **estar**, **ser** のいずれかの活用形を書き入れましょう.

1. 私はとても疲れていてお腹もすいている.

(   ) muy cansada y también (   ) hambre.

2. 私の部屋は大きいんだけど，とても散らかっている.

Mi habitación (   ) grande, pero (   ) muy desordenada.

3. アキラ，私とっても暑いの. 窓開けてくれる？

Akira, (   ) mucho calor. ¿Puedes abrir la ventana, por favor?

4. 私のおばあちゃんは 85 歳ですが，まだとっても若々しいです.

Mi abuela (   ) 85 años, pero todavía (   ) muy joven.

5. 私たちの先生はとても若くて 25 歳です.

Nuestro profesor (   ) muy joven y (   ) 25 años.

② 日本語に合うように （ ） に **muy** / **mucho** / **mucha** / **muchos** / **muchas** のどれかを入れましょう.

1. 今日はとてもいい天気です.　　　　　Hoy hace (   ) buen tiempo.

2. 今日はとても暑いです.　　　　　　　Hoy hace (   ) calor.

3. ホセはとても元気でたくさん食べます.　José está (   ) bien y come (   ).

4. ピラールはとても感じがよくて友だちがたくさんいます.

　　　　　　　　　　　　　　　　　　Pilar es (   ) simpática y tiene (   ) amigos.

5. 私はとてもお腹がすいています.　　　Tengo (   ) hambre.

1 不規則動詞③：現在 1 人称単数形が -y になる動詞　　　　　　　◀046

◆ 動詞の中には，現在 1 人称単数形が **-y** になるものがあります.

	ir（行く）	dar（与える）	ser	estar
yo	**voy**	**doy**		
tú	**vas**			
él	**va**			
nosotros	**vamos**	**damos**		
vosotros	**vais**	**dais**		
ellos	**van**			

2 ir の用法　　　　　　　　　　　　　　　　　　　　　　　◀047

◆ **ir** は「～に」という着点を表す前置詞 **a** を伴い「～に行く」という意味を表します.
　José, ¿**a dónde** vas este verano?　—Voy **a** Francia con mi familia.
　¿**A dónde** vais esta noche?　—Vamos **al** cine.　　　　　　（**al** ← **a** + **el**）

◆ 【**ir a** ＋不定詞】は，「～しようとしている，～するつもりだ」のように，【近い未来】を表します.
　¿Qué vas a hacer este fin de semana?　—Pues, voy a ir al teatro con mi mujer.
　Buenas noches, señores, ¿qué van a tomar ustedes?

◆ 【**vamos a** ＋不定詞】は英語の *let's* のように，「～しましょう」という勧誘を表します.
　Señoras y señores, ¡vamos a bailar!

3 間接目的語　　　　　　　　　　　　　　　　　　　　　　◀048

◆ 日本語の「～に」に相当する間接目的語の【名詞】の前には前置詞の **a** を置きます.
　¿**A** quién das este ramo de flores?　—**A** María.　Regalo estas flores **a** María para su cumpleaños.
　Voy a comprar una bufanda **a** mi madre.

4 間接目的語の代名詞　　　　　　　　　　　　　　　　　　　◀049

スペイン語の間接目的語となる【代名詞】は，以下のとおりです.

私に	**me**	私たちに	**nos**
あなたに	**te**	あなたたちに	**os**
彼に 彼女に あなたに（男・女）	**le**	彼らに 彼女たちに あなたがたに（男・女）	**les**

◆ 間接目的語となる【代名詞】は，【活用した動詞の前】に置きます.
　María, ¿**me** dejas un rato tu diccionario?　—Sí, claro.

24

◆ **le**, **les** が誰を指しているかを明示するために，【a ＋ (代) 名詞】を付け加えることがあります．
　　Mi padre **le** da el coche **a Juan**.

5 間接目的語代名詞と直接目的語代名詞の重複 ◀050

◆ 間接目的語代名詞と直接目的語代名詞が同時に現れるときには，【間接目的語代名詞＋直接目的語代名詞＋活用した動詞】の順番に並べます．
　　Mi padre **me** da el coche.　→　Mi padre **me** lo da.
　　Mi padre no **me** da la moto. →　Mi padre no **me** la da.
　　Oye, José, ¿**me** prestas los libros? ―Sí, **te** los presto.
　　Mamá, ¿**nos** compras las camisetas? ―No, no **os** las compro.

◆ 間接目的語と直接目的語の代名詞の両方が【3 人称】のとき間接目的語の代名詞は **se** になります．
　　Mi padre **le** da el coche a Juan. → Mi padre ~~le~~ lo da. → Mi padre **se** lo da.

● MINI-CONVERSACIÓN ◀051

Juan :　Hola, Rika, ¿a dónde vas con tanta prisa?
Rika :　Voy a la biblioteca para preparar la clase de español. Hasta luego.

Akira :　¿Qué vas a hacer este fin de semana?
Carmen :　Todavía no tengo planes.
Akira :　Entonces, ¿por qué no vamos al cine juntos?

Juan :　Rika, ¿me haces un favor?
Rika :　¿Qué te pasa?
Juan :　No encuentro mi diccionario de japonés.
　　　　Si tienes un diccionario de japonés-español, ¿me lo dejas unos días?

● EJERCICIO

① 日本語に合うように（　）には適切な間接目的語代名詞，点線部分には動詞の適切な活用形を入れましょう．

1. 今晩私はフェルナンドと観劇に行くつもりです．
　　Esta noche [ir] ＿＿＿＿＿＿ a ir al teatro con Fernando.
2. おばあちゃんは私の誕生日に素敵なドレスを買ってくれます．
　　Mi abuela (　　) [comprar] ＿＿＿＿＿＿ un vestido bonito para mi cumpleaños.
3. アキラ，この自転車あげる．私，もう使わないから．
　　Akira, (　　) [dar] ＿＿＿＿＿＿ esta bicicleta porque ya no la uso.
4. カルメンと僕は今夜リカの家へ行きます．
　　Esta noche Carmen y yo [ir] ＿＿＿＿＿＿ a casa de Rika.

② 例文を参考にして質問に答えましょう．質問と答えを自然な日本語に訳しましょう．

　　Ejemplo: ¿Me dejas esta moto? / Sí No　　　　Sí, te la dejo.　　No, no te la dejo.

1. Papá, ¿nos dejas tu coche? / No　　　＿＿＿＿＿＿＿＿＿＿＿＿＿＿＿＿＿＿
2. Mamá, ¿me prestas tu vestido de color rojo? / Sí　＿＿＿＿＿＿＿＿＿＿＿＿＿＿＿＿
3. ¿Tu tío te compra las zapatillas? / No　　＿＿＿＿＿＿＿＿＿＿＿＿＿＿＿＿＿＿
4. ¿Nos enseñáis el piso? / Sí　　　　＿＿＿＿＿＿＿＿＿＿＿＿＿＿＿＿＿＿
5. ¿José le regala la tableta a su hija? / No　＿＿＿＿＿＿＿＿＿＿＿＿＿＿＿＿＿

1 比較表現

◀052

◆ スペイン語の比較表現は次のように作られます.

〜より…だ:	**más** + 形容詞・副詞（…） +	**que** 〜
〜と同じくらい…だ:	**tan** + 形容詞・副詞（…） +	**como** 〜

José es **más** alto **que** María.

Carmen es **tan** alta **como** María.

¿Cuál es **más** interesante, este libro **o** aquel libro?

—Este libro.（Este libro es **más** interesante **que** aquel libro.）

¿Cuál corre **más** rápido, este coche **o** aquel coche? —Aquel coche.

◆ 形容詞・副詞の比較級には次のような不規則形があります.

	原級	比較級	
形容詞	bueno / malo	mejor / peor	（数の一致あり）
副詞	bien / mal	mejor / peor	（無変化）
形容詞	grande / pequeño（主に形状以外の大小）	mayor / menor	（数の一致あり）
形容詞	mucho / poco	más / menos	（無変化）
副詞	mucho / poco	más / menos	（無変化）

Estas motos son **mejores** que aquellas motos. El olvido es **peor** que la muerte.

María canta **mejor** que José. Mis amigos bailan **peor** que aquellos muchachos.

Mis padres son **mayores** que tus padres. Tu hermana es **menor** que yo.

Tengo **más** dinero que tú.

Pilar estudia mucho, pero Teresa estudia **más** que ella.

2 指示代名詞

◀053

◆ 指示代名詞は，指し示す対象の性数に応じて形が変わります.

この 〜 → **これ**	その 〜 → **それ**	あの 〜 → **あれ**
este libro → **este**	ese libro → **ese**	aquel libro → **aquel**
esta casa → **esta**	esa casa → **esa**	aquella casa → **aquella**
estos libros → **estos**	esos libros → **esos**	aquellos libros → **aquellos**
estas casas → **estas**	esas casas → **esas**	aquellas casas → **aquellas**
esto	**eso**	**aquello**

Estas motos son mejores que **aquellas**.（← aquellas motos）

◆ **esto**, **eso**, **aquello** は正体不明のモノや，「このこと」「そのこと」「あのこと」といった話の内容を指すときに使います.これらは「**中性の指示代名詞**」と呼ばれます.

Oiga, ¿**qué es esto**? —Es gazpacho. Muy rico, ¿eh?

Estoy muy ocupada hoy. **Por eso** no puedo ir a la fiesta.

3 所有形容詞（後置形）

el libro **mío** la casa **mía**	los libros **míos** las casas **mías**	el libro **nuestro** la casa **nuestra**	los libros **nuestros** las casas **nuestras**
el libro **tuyo** la casa **tuya**	los libros **tuyos** las casas **tuyas**	el libro **vuestro** la casa **vuestra**	los libros **vuestros** las casas **vuestras**
el libro **suyo** la casa **suya**	los libros **suyos** las casas **suyas**	el libro **suyo** la casa **suya**	los libros **suyos** las casas **suyas**

◆ 【定冠詞＋後置形】は「定冠詞＋名詞＋後置形」から名詞が省略されたもので，「〜のもの」を意味します．定冠詞はこの省略された名詞の性数に一致します．

Los guantes de José son más grandes que **los míos**.　（← los guantes míos）
La bicicleta de María es tan cara como **la tuya**.　　　（← la bicicleta tuya）

◆ 【ser ＋後置形】は「〜のものである」を表し，主語の性数に一致します．

¿**De quién** es este móvil? —Es **mío**.
¿**De quién** son estas gafas? —Son **mías**.

● MINI-CONVERSACIÓN

(Mirando la pantalla del móvil)

Juan :　Rika, ¿cuál es más divertido, este juego o ese?
Rika :　No tengo idea. ¿Por qué no se lo preguntas a Akira?
　　　　Es un experto en videojuegos.
Juan :　Vale. Por cierto, ¿sabes dónde está mi bicicleta? No la encuentro.
Rika :　Mira, la tuya está allí.

Carmen : Akira, ¿qué es esto?
Akira :　Es *natto*, ¿por qué no lo pruebas? Es muy bueno para la salud.
Carmen : No, es imposible. Es que huele* tan mal...

* oler：正書法も変化する特殊な語幹母音変化動詞

● EJERCICIO

（　）に適切なスペイン語を 1 語入れ，日本語に合うスペイン語文を完成させましょう．

1. カルメンはマリアより忙しい．
Carmen (　　　　　) (　　　　　　) ocupada (　　　　　　) María.

2. マヌエルはフアンより年下だ．
Manuel (　　　　) (　　　　) (　　　　　) Juan.

3. マルタはマリアよりも歌がうまい．
Marta canta (　　　　　) (　　　　) María.

4. 私たちは君たちよりも運がある．
Tenemos (　　　　) suerte (　　　　　) vosotros.

5. 僕の生徒たちは君の（生徒）と同じくらい勤勉だよ．
(　　　) alumnos (　　　　) (　　　　) aplicados (　　　　) (　　　) (　　　　).

6. この靴は誰の？ ——あっ，それは私のよ．
¿(　　　) (　　　　) (　　　　) (　　　　) zapatos? —Ah, (　　　　) (　　　).

7. あれ何ですか．——アルカサルですよ．
¿(　　　) (　　　　) (　　　　)? —(　　　　) el Alcázar.

1 前置詞と代名詞

◆056

◆ 前置詞と共に使われる代名詞は 1 人称単数形と 2 人称単数形をのぞき主語人称代名詞と同形です.

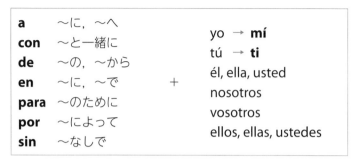

a	～に，～へ
con	～と一緒に
de	～の，～から
en	～に，～で
para	～のために
por	～によって
sin	～なしで

yo → **mí**
tú → **ti**
él, ella, usted
nosotros
vosotros
ellos, ellas, ustedes

María, este regalo es para ti.
Juan, ¿no puedes vivir sin mí?

◆ 「私と一緒に」は **conmigo**，「あなたと一緒に」は **contigo** になります.
Carmen, ¿puedes venir conmigo a la fiesta?

2 好き嫌いの表現：動詞 gustar

◆057

◆ スペイン語で好き嫌いを表すのは **gustar** という動詞です．この動詞では好き嫌いの【対象】がその主語となり
動詞の活用形を決定します．また，好き嫌いの【判断をする人】は間接目的語の代名詞によって表されます.

私は映画が好きです． **Me** gusta el cine.
私に 気に入る 映画が（主語）

私は犬が好きです． **Me** gustan los perros.
私に 気に入る 犬が（主語）

Me Te Le Nos Os Les		
Me Te Le Nos	**gusta**	España. el español.
		bailar. jugar al fútbol.（サッカーをする）
Os Les	**gustan**	los animales. las flores.

¿Te gusta el fútbol?　—Sí, me gusta mucho (el fútbol).
　　　　　　　　　　—No, no me gusta (el fútbol).
¿Os gusta la comida japonesa?　—Sí, nos gusta. / —No, no nos gusta.

◆ 間接目的語の代名詞が誰を指しているかをはっきりさせるとき，また，それを強調するときには【a +（代）
名詞】を付け加えます.
A mi madre le gusta mucho cocinar, pero **a mí** no me gusta.

3 gustar 型の動詞

◀058

◆ **gustar** のように評価の【対象】がその主語となり【評価を下す人】が間接目的語の代名詞によって表される動詞には，ほかに次のようなものがあります．

parecer「〜のようにみえる」

¿Qué **te** parece **este sombrero**? —(Este sombrero) **Me** parece muy bonito.

¿Qué **te** parecen **estas gafas**? —(Estas gafas) **Me** parecen muy bonitas.

doler「〜が痛む」

Me duele **el estómago**.

4 NÚMEROS (100–999)

◀059

100 cien	158 ciento cincuenta y ocho		
200 doscientos	300 trescientos	400 cuatrocientos	500 **quinientos**
600 seiscientos	700 **setecientos**	800 ochocientos	900 **novecientos**
999 novecientos noventa y nueve			

251 libros = doscient**os** cincuenta y **un** libros   251 casas = doscient**as** cincuenta y **una** casas

◆ 百の位と十の位の間には y は入りません．
◆ 101 から 199 までの百の位は **ciento** になります．
◆ -ientos で終わる数詞は後続する名詞の性に従って変化します．

● MINI-CONVERSACIÓN

◀060

Juan :　Rika, ¿qué te gusta más, la comida española o la comida japonesa?

Rika :　Pues, es una pregunta muy difícil de contestar porque me gustan tanto la comida española como la japonesa. Es decir, son diferentes y cada tipo de comida tiene su encanto.

Juan :　Sí, tienes razón.

Carmen : Akira, ¿qué te pasa? Estás pálido.

Akira :　Me duele mucho la cabeza. ¿Qué hago?

Carmen : Tienes que ir al hospital. Te acompaño, ¿vale?

● EJERCICIO

日本語に合うように，（　）には適切な間接目的語代名詞，点線部分には適切な動詞の活用形を入れましょう．

1. 私は犬が大好きですが，私の両親は好きではありません．
（　　　）＿＿＿＿＿＿＿ mucho los perros, pero a mis padres no（　　　）＿＿＿＿＿＿ .

2. ホセは歌うのが好きですが，アントニオは好きではありません．
A José（　　　）＿＿＿＿＿＿ cantar, pero a Antonio no（　　　）＿＿＿＿＿ .

3. ミゲル，私のこと好き？ ——うん，僕，君のこと大好きだよ．
Miguel, ¿（　　　）＿＿＿＿＿＿ yo? —Sí,（　　　）＿＿＿＿＿ mucho.

4. あなた頭が痛いの？ ——うん，とても痛い．
¿（　　　）＿＿＿＿＿＿ la cabeza? —Sí,（　　　）＿＿＿＿＿ mucho.

LECCIÓN 12

1 時刻表現

時刻表現
¿Qué hora es? — **Es la una** (hora) **y** cinco.
— **Son las dos** (horas) **menos** **cuarto**. （15分） **media**. （30分）
¿A qué hora vuelves a casa normalmente? —Normalmente vuelvo **a las siete**.

◆ 1分から30分まではyを使いその時刻プラス何分，31分から59分まではmenosを使いその次の時刻マイナス何分と言います．また，1時，1時何分過ぎあるいは1時何分前というときにはes la unaとなります．
◆ 「～時に」というある出来事の起こる時刻は前置詞 **a** を使って表します．

2 再帰代名詞

◆ 英語の *myself* のように主語と同じ対象を示す目的語代名詞のことを【再帰代名詞】といいます．

再帰代名詞（～自身を，～自身に）

	単　数	複　数
1人称	**me**	**nos**
2人称	**te**	**os**
3人称	**se**	**se**

3 再帰動詞①：基本用法

◆ スペイン語には必ず再帰代名詞を伴って使われる【再帰動詞】と呼ばれる動詞のグループがあります．辞書では lavar**se**，～**se** のように **se** のついた形で示されます．

A. 再帰用法：動詞の表す行為が主語自身に及ぶことを表します．「自分自身を・自分自身に～する」

他動詞文　José lava el coche.　ホセはその車を洗う．
再帰動詞文　José **se** lava.　　　ホセは自分自身を洗う．→ ホセは自分の体を洗う．

lavar**se**（自分自身を洗う → 自分の体を洗う）					
yo	**me**	lavo	nosotros	**nos**	lavamos
tú	**te**	lavas	vosotros	**os**	laváis
él	**se**	lava	ellos	**se**	lavan

María le lava las manos.　　　マリアは彼に対してその手を洗う．→ マリアは彼の手を洗ってあげる．
María **se** lava las manos.　　マリアは自分自身に対してその手を洗う．→ マリアは自分の手を洗う．

B. 自動詞化：他動詞の直接目的語として再帰代名詞を用いて対応する自動詞を作ります．

levantar**se**: José **se** levanta a las siete.　ホセは自分自身を7時に起こす．→ ホセは7時に起きる．
acostar**se**: María **se** acuesta a la una.　マリアは自分自身を1時に寝かせる．→ マリアは1時に寝る．
llamar**se**:　Yo **me** llamo Carmen.　私は私自身をカルメンと呼ぶ．→ 私はカルメンという名前である．
¿Cómo **te** llamas? — **Me** llamo Rika.
¿Cómo **se** llama usted? — **Me** llamo Pedro Sánchez.

4 副詞の作り方

◆ スペイン語では，次のように，形容詞から副詞を作ることができます．

副詞の作り方		
-o で終わる形容詞： 女性単数形 + **-mente**	perfecto	→ perfect**amente**
-o 以外で終わる形容詞： 単数形 + **-mente**	normal	→ normal**mente**
	evidente	→ evidente**mente**

Rika : ¿Qué hora es, Juan?

Juan : Las nueve menos cinco.

Rika : ¡Vaya! La clase del profesor González siempre empieza a las nueve en punto. Hasta luego.

Carmen : Akira, mi hermana se casa el próximo mes en Segovia.

Akira : Ah, ¿sí? Felicidades.

Carmen : Gracias. Y si no te es inconveniente, quiero ir a la boda contigo. ¿Es posible?

Akira : Bueno, por mí no hay problema.

● EJERCICIO

① 以下の再帰動詞を現在形に活用させましょう．＊がついたものは不規則動詞です．

1. peinarse　　自分の髪をとかす．

2. afeitarse　　自分のひげをそる．

3. ponerse* ～　　～を着る．ej.) Me pongo la chaqueta.

4. quitarse ～　　～を脱ぐ．ej.) Me quito la chaqueta.

5. levantarse　　自分自身を起こす　　→ 起きる，立つ．

6. acostarse*　　自分自身を寝かせる　　→ 寝る．ej.) Me acuesto temprano.

7. sentarse*　　自分自身を座らせる　　→ 座る．ej.) Me siento aquí.

8. casarse　　自分自身を結婚させる　　→ 結婚する．

② （　）の不定詞を現在形に活用させ，AとBの会話を完成させ，全文を日本語に訳しましょう．

A : Hola, soy Víctor. Y tú, ¿cómo (llamarse) ＿＿＿＿＿＿＿？

B : (Llamarse) ＿＿＿＿＿＿ Midori Yamada. Encantada.

A : Igualmente. ¿Estudias o trabajas?

B : (Estudiar) ＿＿＿＿＿ en la Universidad de Barcelona. ¿A qué (dedicarse) ＿＿＿＿＿ tú?

A : Yo (trabajar) ＿＿＿＿ en un banco. ¿Qué (estudiar) ＿＿＿＿＿ en la universidad?
　　¿En qué (especializarse) ＿＿＿＿＿＿？

B : Mi especialidad es la historia medieval de España.

A : ¡Qué interesante!

③ 以下の質問にスペイン語で答えましょう．

1. ¿Cómo te llamas?

2. ¿A qué hora te levantas normalmente?

3. ¿A qué hora te acuestas normalmente?

4. ¿Te lavas el pelo todos los días?

5. ¿A qué se dedica tu padre / tu madre?

Suplemento 2

1 自然現象の表現

◆ 第8課で扱った表現のほかにも次のような表現があります．いずれも3人称単数形で用いられます．

hacer sol　日が照る　　　　　　hacer viento　風が吹く　　　haber (hay) humedad　湿気がある
granizar　雹（ひょう）が降る　　tronar　雷が鳴る（o → ue の語幹母音変化動詞）
amanecer　夜が明ける　　　　　anochecer　日が暮れる
estar despejado　晴れた，快晴の　estar nublado　曇った

Hoy hace sol.　　　　　　　　　今日は日が照っている．
Aquí hace mucho viento.　　　　ここは風が強い．
En esta zona graniza a veces.　　この地域はときどき雹が降る．
En invierno amanece tarde y anochece temprano.　冬は夜が明けるのが遅く，日が暮れるのが早い．
Hoy está un poco nublado.　　　今日は少し曇っている．

2 日常会話でよく使われる gustar 型の動詞

◆ 日常会話では，次のような gustar 型の動詞がよく使われます．

encantar　魅了する（= gustar mucho）　　apetecer　食欲・欲望をそそる
molestar　迷惑をかける，不快にする　　　importar　重要である，不都合である

¿Te gusta el baloncesto? —Sí, me encanta.
　バスケットボール好き？ ——うん，大好き．
Voy a tomar un té con limón. Tú, ¿qué tomas? —Me apetece un café.
　私レモンティーを注文する．あなたは何にする？ ——私はコーヒーにしたいな．
Si no te molesta, quiero ir a la fiesta contigo. ¿Es posible?
　もし迷惑でなければ，あなたと一緒にそのパーティに行きたい．可能かな？
¿No te importa esperar un poco más? —No, no me importa.
　もう少し待っててくれない（もう少し待つことはあなたにとって不都合ではないか）？
　——うん，いいよ（いえ，不都合ではない）．

3 時刻に関する表現

las ocho de la mañana　午前8時　　　　las una de la tarde　午後1時
las once de la noche　夜の（午後）11時　las dos de la madrugada　深夜（午前）2時
mañana por la mañana　明日の午前中　　ayer por la tarde　昨日の午後

◆ 時刻を尋ねる表現には次のようなものもあります．
¿Qué hora tienes? —Son las diez y media.　　今何時？ ——10時半．
¿Tiene usted hora? —Es la una en punto.　　時間分りますか． ——1時きっかりです．

qué　何（の）	quién (quiénes)　誰	cuál (cuáles)　どれ
cuánto (cuánta/cuántos/cuántas)　いくつの，どれだけ		cómo　どのような，どのように
cuándo　いつ	por qué　なぜ	

¿Qué es esto?	これは何ですか.
¿Qué deporte te gusta?	何のスポーツが好き？
¿A quién esperas?	誰を待ってるの？
¿Quiénes son ellos?	彼らは誰？
¿Cuál es su nombre?	あなたのお名前は何ですか.（cuál は「何」に訳されることがあります）
¿Dónde comes siempre?	いつもどこで昼食を食べるの？
¿De dónde viene usted?	どこのご出身ですか.
¿Cuándo sale el autobús?	バスはいつ出るの？
¿Hasta cuándo vas a estar aquí?	あなたはいつまでここにいる予定？
¿Cómo está su familia?	ご家族はいかがですか.
¿Cómo funciona esta máquina?	この機械はどのように動くのですか.
¿Cuánto vale un kilo de naranjas?	オレンジ１キロいくらですか.
¿Cuántos alumnos hay en la clase?	その教室には何人の生徒がいますか.
¿Por qué te levantas tan temprano?	—Porque quiero estudiar tranquilamente.
	なぜそんなに早起きするの？　——静かに勉強したいから.

5 講読練習

　　Hola, me llamo Juan Álvarez Fernández. Voy a hablar un poco sobre mi vida cotidiana. Todas las mañanas me levanto a las siete y tomo el desayuno en un bar que está cerca de mi piso. Después voy a la universidad. En la universidad estudio Relaciones Internacionales porque quiero ser diplomático. Después de terminar las clases, voy a comer al comedor de la universidad.

　　Durante la comida, hablo de muchas cosas con mis amigos; de los estudios, de nuestros amigos y amigas, de nuestro futuro, etc. Luego voy a la escuela de idiomas para aprender inglés. Mis amigos me dicen que mi nivel de inglés no está mal, pero creo que para ser un buen diplomático todavía me falta mucho.

　　Cuando tengo tiempo libre, paso por el gimnasio para hacer ejercicio. Soy miembro de un club de fútbol. Es el club del barrio y allí puedo conocer a mucha gente de varias edades, jóvenes y mayores, hombres y mujeres. Para mí el club es un punto de encuentro y distracción.

　　Normalmente vuelvo al piso a eso de las ocho. Comparto el piso con dos chicos. Uno se llama José Manuel y es de Colombia. Estudia japonés en la universidad porque le encanta el anime. El otro es Antonio. Estudia cocina en una escuela de hostelería y es un buen cocinero, así que normalmente nos prepara la cena. Después de charlar un rato con ellos, voy a mi habitación para estudiar un poco y a las once o doce me acuesto tranquilamente.

LECCIÓN **13**

1 再帰動詞②：特殊用法 ◀065

◆ 再帰動詞には次のように「強意」や「相互」の意味を表す用法があります.

    Ya me voy porque es muy tarde.

    Yo me como una caja de bombones en cinco minutos.

    Pilar y Manuel se quieren mucho.

◆【se ＋ 3人称単 / 複数＋主語（モノ）】は「誰が」を明示しない再帰動詞の受身用法と呼ばれます.

    Se venden pisos.

    Se alquilan coches.

    El español se habla en todo el mundo.

    ¿Cómo se dice "花火" en español? —Se dice "fuegos artificiales".

    Se dice que en Japón ocurren terremotos muy frecuentemente.

◆【se ＋ 3人称単数】は「人は〜する」という意味の不定主語の用法と呼ばれます.

    Aquí se vive muy bien.

    En este restaurante se come bien y muy barato.

    Aquí no se puede aparcar.

2 不規則動詞④：その他 ◀066

	conocer（知る）	conducir（運転する）	saber（知る）	ver（見る）
yo	cono**zco**	condu**zco**	**sé**	**veo**
tú				
él				
nosotros				
vosotros				
ellos				

3 conocer と saber ◀067

◆ スペイン語には「知る」という動詞に **conocer** と **saber** の2つがあります. conocer は対象となるものを直接体験・経験して知っていることを, saber は対象となるものを知識として知っていることを表します.

    ¿Conoces España? —No, no la conozco.

    ¿Conoces a Juan? —Sí, lo conozco porque es un compañero de clase.

    ¿Sabes mi dirección? —Sí, la sé.

    ¿Sabes español? —Sí, pero un poco.

    Perdón, ¿sabe usted dónde está el Museo de Picasso? —No, no lo sé. No soy de aquí.

◆【saber ＋不定詞】は「〜の仕方を知っている → 〜できる」を表します.

    Oye, Antonio, ¿tú sabes nadar? —Sí, sé nadar pero ahora no puedo porque estoy resfriado.

4 不定語と否定語

不 定 語	
代名詞：何か	algo
誰か	alguien
形容詞：何らかの	algún / alguna / algunos / algunas

否 定 語	
代名詞：何も〜ない	nada
誰も〜ない	nadie
形容詞：ひとつも〜ない	ningún / ninguna

◆ スペイン語では **no** hay **nada** のように，否定語が重複しても肯定文になることはありません.

¿Hay **algo** en la nevera? —No, **no** hay **nada**.

¿Hay **alguien** en casa? —No, **no** hay **nadie**.

¿Tienes **algún** problema? —No, **no** tengo **ningún** problema.

● MINI-CONVERSACIÓN

Akira : ¿Conoces a Juan?

Carmen : Pero, ¿qué Juan? Hay muchos Juanes aquí en España, ¿sabes?

Akira : Bueno, me refiero a un amigo argentino de Rika. ¿Lo conoces?

Carmen : Claro que lo conozco porque es un compañero de la clase de japonés.

Juan : Oye, Rika, ¿cómo se dice "comida japonesa" en japonés?

Rika : Se dice "Washoku".

Juan : ¿Y cómo se escribe?

Rika : Se escribe así : 和食

Akira : ¡Ah, qué hambre tengo! Carmen, ¿tienes algo de comer?

Carmen : No, no tengo nada de comer.

¿Por qué no vamos a tomar algo en un bar?

● EJERCICIO

① 日本語に合うスペイン語文を作成しましょう.

1. ここは禁煙です. （fumar 喫煙する）

2. 私は Madrid が好きです. なぜならば Madrid は住みやすいからです.

3. 日本語は難しい（difícil）と言われています.

4. Barcelona ではカタルーニャ語（el catalán）が話されています.

5. Akira ってどう書くの？ ——こんな風に書くんだよ.

② 例にならって，質問に否定で答えましょう.

Ejemplo: ¿Tenéis algo de beber?   No, no tenemos nada de beber.

1. ¿Sabes algo de Juan?

2. ¿Aquí conoces a alguien?

3. ¿Tienes alguna pregunta?

4. ¿Te conoce alguien allí?

5. ¿Pasa algo?

LECCIÓN 14

1 直説法点過去形：規則動詞
◀070

	hablar	comer	vivir
yo	hablé	comí	viví
tú	hablaste	comiste	viviste
él	habló	comió	vivió
nosotros	hablamos	comimos	vivimos
vosotros	hablasteis	comisteis	vivisteis
ellos	hablaron	comieron	vivieron

2 直説法点過去形：不規則動詞

① 強変化動詞（語幹の形が変化する）：語幹＋ -e, -iste, -o, -imos, -isteis, -ieron
◀071

tener	estar	poder	poner	hacer	querer	venir	decir*
tuve	estuve	pude	puse	hice	quise	vine	dije
tuviste							
tuvo				hizo			
tuvimos							
tuvisteis							
tuvieron							dijeron

＊3人称複数形に注意

② 語幹母音 3 人称特殊型　◀072

pedir	sentir	morir (死ぬ)
pidió	sintió	murió
pidieron	sintieron	murieron

③ その他　◀073

dar	ver	ser / ir	leer	llegar
di	vi	fui		llegué
dio	vio	fue	leyó	
dieron	vieron	fueron	leyeron	

3 直説法点過去形の用法
◀074

◆ 点過去形は【過去に何が起こったか】，【何をしたか】といった過去の【出来事】を表します.

Miguel de Cervantes nació en Alcalá de Henares en 1547 y murió en Madrid en 1616.

¿Qué hiciste **ayer**? —Pues nada, no hice nada.

¿A qué hora te acostaste **anoche**? —Me acosté tarde, a las doce de la noche.

El año pasado llovió mucho aquí.

Hace unos años ocurrió un terrible terremoto en Marruecos.

4 NÚMEROS (1000–)

1000 mil	2000 dos mil	3000 tres mil	4000 cuatro mil
5000 cinco mil	9000 nueve mil		

1547 mil quinientos cuarenta y siete   1616 mil seiscientos dieciséis

9999 nueve mil novecientos noventa y nueve

10 000 diez mil   15 000 quince mil

999 999 novecientos noventa y nueve mil novecientos noventa y nueve

1 000 000 un millón   2 000 000 dos millones

● MINI-CONVERSACIÓN   ◀076

Juan :   Rika, ¿qué hiciste el domingo?

Rika :   Fui al centro con Carmen. La conoces, ¿verdad?

Juan :   Sí, es una compañera de la clase de japonés.

Carmen : Akira, ¿en qué año naciste?

Akira :   En 2003, yo nací en 2003.

Carmen : O sea, eres más joven que yo. ¡Es increíble!

● EJERCICIO

① 以下の動詞を点過去形に活用させましょう.

1. saber（tener と同類，語幹は sup-）   **2.** repetir（pedir と同類）   **3.** dormir（morir と同類）

4. creer（思う・信じる，leer と同類）   **5.** conducir（decir と同類，語幹は conduj-）

② 以下の不定詞を点過去形に活用させ，日本語にしましょう.

1. El año pasado María (estudiar) _____ inglés en la universidad.

2. Jaime y yo (aprender) _____ chino en la escuela de idiomas hace un año.

3. Anteayer tú les (escribir) _____ una carta a tus padres.

4. A María le (gustar) _____ mucho la película japonesa.

5. Ayer Ana y tú (levantarse) _____ a las siete y (acostarse) _____ a la una.

6. Juan no (bañarse) _____ anoche.

7. Teresa y José (casarse) _____ la semana pasada.

8. Yo (salir) _____ de casa a las diez y (llegar) _____ a las once.

9. ¿Qué (ponerse) _____ tú para la boda? —(Ponerse) _____ un vestido rojo.

10. ¿Vosotros (poder) _____ llegar puntual? —Sí, (poder) _____ .

③ 以下の質問にスペイン語で答えましょう.

1. ¿En qué año entraste en la universidad?

2. ¿A qué hora te levantaste ayer?

3. ¿A qué hora te acostaste anoche?

4. ¿Qué estudiaste ayer?

5. ¿Dónde comiste ayer?

6. ¿Dormiste bien anoche?

7. ¿Qué hiciste el domingo pasado?

1 直説法線過去形：規則動詞 ◀077

	habl**ar**	com**er**	viv**ir**
yo	habl**aba**	com**ía**	viv**ía**
tú	habl**abas**	com**ías**	viv**ías**
él	habl**aba**	com**ía**	viv**ía**
nosotros	habl**ábamos**	com**íamos**	viv**íamos**
vosotros	habl**abais**	com**íais**	viv**íais**
ellos	habl**aban**	com**ían**	viv**ían**

2 直説法線過去形：不規則動詞 ◀078

	ir	ser	ver
yo	**iba**	**era**	**veía**
tú	**ibas**	**eras**	**veías**
él	**iba**	**era**	**veía**
nosotros	**íbamos**	**éramos**	**veíamos**
vosotros	**ibais**	**erais**	**veíais**
ellos	**iban**	**eran**	**veían**

3 直説法線過去形の用法 ◀079

◆ 線過去形は【ある過去の状況】，【ある過去のモノ・人の特徴，習慣】を表します．

    Cuando llegué al pueblo, llovía a cántaros.

    Ayer ocurrió un terremoto muy fuerte. **Entonces** yo estaba sola en la oficina.

    Cuando era niño, **todos los días** jugaba al fútbol con mis amigos en el parque.

    Ahora me levanto temprano, pero **de joven** me levantaba muy tarde.

    Antes mi padre fumaba mucho, pero ahora no.

◆ 現在形が「時制の一致」を受けると線過去になります．

    José me dijo: —Estoy muy cansado.   → José me dijo **que** estaba muy cansado.

    Juan me dijo: —Tú eres muy guapa.   → Juan me dijo **que** yo era muy guapa.

    María me dijo: —Mi novio vive en Tokio.   → María me dijo **que** su novio vivía en Tokio.

4 数量表現 ◀080

◆ スペイン語で数量を問う際には **cuánto** という疑問詞を使います．

    ¿**Cuántos** años tienes?   —Tengo veinte años.

    ¿**Cuántas** libras quiere cambiar?   —Quiero cambiar 200 libras.

    ¿**Cuánto** cuesta esta chaqueta?   —Cuesta 12 000 yenes.

    ¿**Cuánto** cuestan estos zapatos?   —Cuestan 250 euros.

    Oiga, ¿**cuánto** es en total?   —Son 885 pesos.

Carmen : Akira, ayer no viniste a la clase de lingüística. ¿Qué te pasó?

Akira :　Nada, solo tenía que ir a la oficina para renovar el visado.

Carmen : Ah, solo eso. ¡Menos mal! Es que estaba muy preocupada por ti.

Rika :　Juan, ¿cómo eras de pequeño?

Juan :　¿Yo? Pues, era un niño normal. Jugaba con mis amigos del barrio hasta muy tarde y no estudiaba mucho. Y tú, ¿cómo eras?

Rika :　Pues, yo era una niña muy alegre y siempre jugaba con mis amigas. Y no me gustaba mucho jugar con los niños porque eran muy brutos.

● EJERCICIO

① 不定詞を指示に従って活用させ，日本語に合うスペイン語文を作りましょう．㊥は点過去形，㊟は線過去形を表します．

1. 私が大阪に着いたときには，もう 12 時を過ぎていました．

Cuando (㊥llegar)＿＿＿＿ a Osaka, ya (㊟ser)＿＿＿＿ más de las doce.

2. 私たちは学生の頃，バルのウェイターとしてアルバイトをしていました．

(㊟trabajar)＿＿＿＿ de camareros cuando (㊟ser)＿＿＿＿ estudiantes.

3. かつてこの公園ではたくさんの子供たちが遊んでいたけど，今は違います．

Antes en este parque (㊟jugar)＿＿＿＿ muchos niños, pero ahora no.

4. あなた，結婚したとき，何歳だった？

¿Cuántos años (㊟tener)＿＿＿＿ tú cuando (㊥casarse)＿＿＿＿ ?

5. 前は私，お料理するの好きじゃなかったけど，今は好きよ．

Antes no me (㊟gustar)＿＿＿＿ cocinar, pero ahora sí me gusta.

② 以下の直接話法の文を間接話法の文に転換しましょう．

1. María me dijo: ―Soy de Madrid.

2. La chica nos dijo: ―Me llamo Carmen.

3. Me dijeron: ―Vivimos en un pueblo con nuestros padres.

4. Ellas nos dijeron: ―No queremos bailar con vosotros.

5. Carmen me dijo: ―No me gusta cantar porque canto muy mal.

6. Juan me dijo: ―No puedo jugar contigo porque tengo que estudiar en casa.

③ 例にならって質問に答えましょう．数字はスペイン語で書きましょう．

Ejemplo: ¿Cuántos euros tienes? / 21 euros　　　Tengo veintiún euros.

1. ¿Cuántos dólares necesita usted? / 200 dólares

2. ¿Cuánto cuesta este vestido? / 350 libras

3. ¿Cuánto es en total? / 12 500 yenes

1 直説法未来形：規則動詞　　　　　　　　　　　　　　　　　　　　　　　　◀082

	hablar	comer	vivir
yo	hablar**é**	comer**é**	vivir**é**
tú	hablar**ás**	comer**ás**	vivir**ás**
él	hablar**á**	comer**á**	vivir**á**
nosotros	hablar**emos**	comer**emos**	vivir**emos**
vosotros	hablar**éis**	comer**éis**	vivir**éis**
ellos	hablar**án**	comer**án**	vivir**án**

◆ 未来形は「語幹」ではなく，動詞の【不定詞】を基にして作られます．また，-ar, -er, -ir 動詞すべて -é, -ás, -á, -emos, -éis, -án という同じ活用語尾になります．

2 直説法未来形：不規則動詞

① -e- 脱落型：　　　　　　　　　　　　　　　　　　　　　　　　　　　　　◀083

saber	poder	haber	querer
sabré	**podré**	**habré**	**querré**
sabrás			
sabrá			
sabremos			
sabréis			
sabrán			

② -d- 挿入型：　　　　　　　　　　　　　　◀084　　　③ その他：　　　　　　◀085

tener	venir	poner	salir（出る）
tendré	**vendré**	**pondré**	**saldré**

hacer	decir
haré	**diré**

3 直説法未来形の用法

◆ 未来に起こる「出来事」，未来の「状況」を表します．

¿Qué harás **mañana**? —Pues, me quedaré en casa todo el día.

Oye, ¿cuándo saldréis para España? —Saldremos **la próxima semana**.

El año que viene María y yo viviremos en Japón.

◆ 現在の「状況」についての【推量】を表します．

¿Qué hora es? —Ya serán las ocho.

¿Cuántos años tiene José? —No sé exactamente, pero ya tendrá más de 30.

4 最上級の表現（形容詞）

最 上 級		
〜の中でいちばん…：	定冠詞 + **más** 形容詞（…） + **de** 〜	
〜の中でいちばん…な○○：	定冠詞 + 名詞（○○） + **más** 形容詞（…） + **de** 〜	

¿Quién es **el más** alto **de** esta clase? —No sé, quizás será José Manuel.

¿Cuál es la ciudad **más** grande **de** España? —Madrid.

¿Quién es **el mayor de** vosotros? —Isabel.

● MINI-CONVERSACIÓN

Carmen : Akira, mañana hay una fiesta en casa de José. ¿Me acompañarás?

Akira : Claro que sí.

Carmen : Ay, ¡qué bien! Entonces quedaremos en la boca del metro a las ocho.

Rika : Juan, ¿crees que Akira ganará en la próxima competición de videojuegos?

Juan : Sí, porque es el mejor de todos.

● EJERCICIO

例にならって近い未来を表す表現を未来形に転換させ，日本語に訳しましょう．

Ejemplo: Mañana voy a estudiar español en casa. → Mañana estudiaré español en casa.

1. Mis padres van a viajar por Japón el año que viene. →
2. ¿Vais a venir a la fiesta esta noche? →
3. María va a salir dentro de poco. →
4. Mañana voy a levantarme (= me voy a levantar) temprano. →
5. Esta noche voy a acostarme (= me voy a acostar) temprano. →
6. ¿Vas a decirle (= le vas a decir) la verdad? →
7. Mañana va a hacer buen tiempo. →
8. Vamos a casarnos (= nos vamos a casar) el próximo año. →
9. Voy a ponerme (= Me voy a poner) este vestido para la boda. →
10. Esta canción va a tener mucho éxito. →

1 直説法過去未来形：規則動詞

◀089

	hablar	comer	vivir
yo	hablar**ía**	comer**ía**	vivir**ía**
tú	hablar**ías**	comer**ías**	vivir**ías**
él	hablar**ía**	comer**ía**	vivir**ía**
nosotros	hablar**íamos**	comer**íamos**	vivir**íamos**
vosotros	hablar**íais**	comer**íais**	vivir**íais**
ellos	hablar**ían**	comer**ían**	vivir**ían**

◆ 過去未来形も動詞の【不定詞】を基にして作られます．また，-ar, -er, -ir 動詞すべて -ía, -ías, -ía, -íamos, -íais, -ían という同じ活用語尾になります．

2 直説法過去未来形：不規則動詞

① -e- 脱落型：

◀090

saber	poder	haber	querer
sabría	**podría**	**habría**	**querría**
sabrías			
sabría			
sabríamos			
sabríais			
sabrían			

② -d- 挿入型：　◀091

tener	venir	poner	salir
tendría	**vendría**	**pondría**	**saldría**

③ その他：　◀092

hacer	decir
haría	**diría**

3 直説法過去未来形の用法

◆ 過去から見た未来に起こる「出来事」，過去から見た未来の「状況」を表します．

Carmen me dijo: —Mi padre llegará mañana.

→ Carmen me dijo que su padre llegaría **al día siguiente**.

◆ 過去についての【推量】を表します．

Cuando llegué a Madrid, ya serían las ocho.

En aquel entonces Juan ya tendría 10 años.

◆ 現在における【婉曲表現（丁寧な表現）】を表します．

¿Podría usted abrir la ventana, por favor?

Me gustaría hablar un rato con usted.

◆ 現在の事実に反する仮定文（反実仮想文）の帰結文で用いられます．

Yo que tú, no haría tal cosa.

Yo, **en tu lugar**, no le diría tal cosa.

● MINI-CONVERSACIÓN

Rika : ¿Sabes a qué hora llega Antonio?

Juan : Me dijo que llegaría a eso de las dos. Así que vendrá dentro de poco.

13:55

Carmen : No sé si debo decirle a María toda la verdad sobre su novio.

Akira, tú, en mi lugar, ¿qué harías?

Akira : Pues, yo que tú, no le diría nada.

● EJERCICIO

① 以下の直接話法の文を間接話法の文に転換しましょう．

1. María me dijo: —Me levantaré muy temprano mañana.

2. Juan nos dijo: —Os veré la próxima semana.

3. Me dijiste: —No te olvidaré nunca.

4. Marta y Jaime nos dijeron: —Nos casaremos el próximo año.

5. Nos dijisteis: —No podremos ver a vuestros padres.

② 日本語に合うように，不定詞を適切な過去未来形にしましょう．

1. あなたの助けがなければ，私はその仕事を時間通りに仕上げられないだろう．

Sin tu ayuda, yo no (poder) _____ terminar el trabajo a tiempo.

2. 私があなたなら，テストに合格するためにもっと勉強する．

Yo que tú, (estudiar) _____ más para aprobar el examen.

3. （できれば）行きたいのですが，時間がないんです．

Me (gustar) _____ ir, pero no tengo tiempo.

4. 私が彼なら，そんなことは決してしない．

Yo que él, nunca (hacer) _____ tal cosa.

5. 私が彼に会ったとき，彼はもう40歳を超えていただろう．

Cuando le conocí, ya (tener) _____ más de 40.

1 過去分詞 ◀095

◆ スペイン語の過去分詞は，次のようにして作られます．

-ar 動詞：	**語幹** + **-ado**	hablar : habl**ado**
-er/-ir 動詞：	**語幹** + **-ido**	comer : com**ido** / vivir : viv**ido**

◆ 過去分詞の主な不規則形は，次のとおりです．

過去分詞の主な不規則形					
escribir	→ **escrito**	ver	→ **visto**	abrir	→ **abierto**
volver	→ **vuelto**	hacer	→ **hecho**	decir	→ **dicho**

2 受身文：ser ＋過去分詞 ◀096

◆ 【**ser** ＋**過去分詞**】は英語の【*be* ＋過去分詞】に相当する受身文です．能動文の直接目的語を主語とし，過去分詞はこの主語の性数に一致させます．また，能動文の主語は前置詞 por を伴って表されます．

Picasso pintó este cuadro.

Este cuadro **fue** pint**ado por** Picasso.

García Márquez escribió estas novelas.

Estas novelas **fueron** escrit**as por** García Márquez.

3 完了形

◆ スペイン語には英語の【*have* ＋過去分詞】に相当する完了形があります．この完了形は助動詞 haber と動詞の過去分詞（無変化）から作られます．

完 了 形
助動詞 haber の活用形 ＋ 動詞の過去分詞（無変化）

4 直説法現在完了形 ◀097

◆ 現在完了形は助動詞 haber の直説法現在形と動詞の過去分詞（無変化）から作られます．

直説法現在完了形		
助動詞 haber の直説法現在形	＋	動詞の過去分詞（無変化）
yo	**he**	habl**ado** en español
tú	**has**	com**ido** mucho
él	**ha**	viv**ido** en Madrid
nosotros	**hemos**	**abierto** las ventanas
vosotros	**habéis**	**escrito** las cartas
ellos	**han**	**hecho** los deberes

5 直説法現在完了形の用法

◆「完了」，「経験」，「継続」を表します．

¿Has comido ya? —Sí, **ya** he comido.

—No, **todavía no** he comido (**no** he comido **todavía**).

¿Ya se han levantado los niños? —Sí, **ya** se han levantado.

¿Ha estado usted **alguna vez** en España? —No, **no** he estado **nunca**.

—Sí, he estado **una vez**.

Desde entonces nunca hemos comido en aquel restaurante.

◆ hoy, este/esta ＋年・月・日のような現在時を含む副詞句と共に，近い過去の出来事を表します.

Hoy nos hemos levantado muy temprano.

Esta mañana ha llovido mucho.

Esta semana ha hecho muy buen tiempo.

Este año el precio de la gasolina ha subido mucho.

● MINI-CONVERSACIÓN ◀099

(Hablando por el móvil)

Carmen : Hola, Akira, ¿ya has comido?

Akira :   No, todavía no. Es que acabo de levantarme.

Carmen : Entonces, vamos a comer juntos en el bar. Te espero allí. ¿Vale?

Juan :   Rika, ¿has estado en Aranjuez?

Rika :   Sí, una vez. Fui de excursión con mis amigos el año pasado.

Juan :   ¿Te gustó?

Rika :   Sí, mucho porque había mucha naturaleza y tranquilidad.

● EJERCICIO

① 例にならって質問に答えましょう.

Ejemplo: ¿Has hecho ya los deberes? / No   No, todavía no los he hecho.

1. ¿Han venido ya los invitados? / Sí

2. ¿Ha llegado ya el taxi? / No

3. ¿Cuánto tiempo habéis estado aquí? / 5 horas

4. ¿Ya ha vuelto José? / No

5. ¿Ya se ha levantado José? / No

② 日本語に合うように不定詞を点過去形，現在完了形，線過去形のどれかに活用させましょう.

1. 今年はよく雨が降ったね.   Este año (llover) _____ mucho, ¿verdad?

2. A : カルメンいますか.   ¿Está Carmen?

B : いいえ，まだ帰ってないの.   No, todavía no (volver) _____ .

3. 私は昨日は全然勉強しなかったけれど，今日はたくさん勉強した.

Ayer no (estudiar) _____ nada, pero hoy (estudiar) _____ mucho.

4. A : 私一度メキシコに行ったことがあるの.   Yo (estar) _____ una vez en México.

B : いつ行ったの？   ¿Cuándo (ir) _____ ?

A : 3年前に家族と一緒に行ったの.   (Ir) _____ hace 3 años con mi familia.

B : どうだった？　気に入った？   ¿Qué tal? ¿Te (gustar) _____ ?

A : うん．私たちとっても楽しかった．だって，人はいいし料理もおいしかったから.

Sí. Lo (pasar) _____ muy bien porque la gente (ser) _____ buena y también se (comer) _____ bien.

Suplemento 3

1 序数詞

◆ 順序・順番を表す「序数詞」は形容詞として用いられることが多く，その場合，修飾する名詞の性・数に応じて形が変化します．また，名詞の前後に置くことができます．

第 1 （の）	primero(a)*	第11 （の）	undécimo(a)
第 2 （の）	segundo(a)	第12 （の）	duodécimo(a)
第 3 （の）	tercero(a)*	第13 （の）	decimotercero(a)*
第 4 （の）	cuarto(a)	第14 （の）	decimocuarto(a)
第 5 （の）	quinto(a)	第15 （の）	decimoquinto(a)
第 6 （の）	sexto(a)	第16 （の）	decimosexto(a)
第 7 （の）	séptimo(a)	第17 （の）	decimoséptimo(a)
第 8 （の）	octavo(a)	第18 （の）	decimoctavo(a)
第 9 （の）	noveno(a)	第19 （の）	decimonoveno(a)
第 10 （の）	décimo(a)	第20 （の）	vigésimo(a)

el piso segundo / el segundo piso　（建物の）2 階（スペインなどの 2 階は日本の 3 階にあたります）
la puerta cuarta / la cuarta puerta　4 番目のドア（4 号室）
Mi dirección es la Calle Mayor, número 15, (piso) segundo, (puerta) primera.
　私の住所はマジョール通り，15 番地，2 階，1 番目のドア（1 号室）です．
　（上の住所は，通常，C/Mayor, 15, 2º, 1ª と表記されます．2º の o は segundo の o, 1ª の a は primera の a を示します）

◆ * の印のついた序数詞は，男性単数名詞の前に置かれると -o が取れます．
　el primer capítulo　第 1 章　　　el tercer hombre　第 3 の男

2 否定語を用いた否定文

◆ 否定語を用いた否定文は，否定語が動詞の前にあるか後にあるかで，次のように 2 つの異なる構文になります．

> **no** + 動詞 + **否定語**
> **否定語** + 動詞

¿Qué deporte te gusta? — No me gusta ningún deporte. / Ningún deporte me gusta.
　あなたはどんなスポーツが好き？　──私はどんなスポーツも好きじゃない．

3 もっぱら線過去で表される表現ともっぱら点過去で表される表現

◆ スペイン語の表現の中には，特別の文脈がない限り，通常線過去あるいは点過去で表されるものがあります．まず，もっぱら線過去で表される表現には，次のようなものがあります．

時刻・時間表現：　Cuando llegamos al pueblo, ya era de noche / eran más de las diez.
　　　　　　　　　我々がその村に到着したときには，もう夜だった /10 時を過ぎていた．
年齢表現：　　　¿Cuántos años tenía tu padre cuando naciste?
　　　　　　　　　あなたが生まれたとき，お父さん何歳だった？

「〜の頃」:	¿Cómo eras cuando <u>eras</u> niña?
	君は子どもの頃，どんなだった？
	Cuando <u>éramos</u> estudiantes, todos trabajábamos en las vacaciones de verano.
	私たちが学生の頃は，みんな夏休みにバイトをしていた．
位置表現:	Todas las ventanas de mi habitación <u>daban</u> a la calle.
	私の部屋の窓は全部通りに面していた．

◆ 一方，次のように，何かの印象や感想を述べる際は，もっぱら点過去が使われます．

印象・感想の表現：	¿Qué tal el examen? —<u>Fue</u> muy difícil.
	試験どうだった？ ──すごく難しかった．
	¿Qué tal las vacaciones? —<u>Fueron</u> magníficas. Lo pasamos fenomenal.
	休暇はどうだった？ ──すごくよかったよ．私たち素晴らしいときを過ごした．

4 講読練習

Hoy quiero hablar de mi primer encuentro con una biblioteca.

Yo nací en un pueblo muy pequeño. Mi padre era ganadero y agricultor. Mi madre ayudaba a mi padre y siempre estaba en el campo con él. Por eso, al volver a casa de la escuela, no había nadie en casa. Pero no me aburría nunca porque a mi alrededor había mucha naturaleza y lo pasaba muy bien con plantas nuevas e insectos raros que descubría cada día.

Un día encontré una flor muy bonita y le pregunté a mi madre cómo se llamaba. Pero ella no lo sabía. Así que se lo pregunté a mi padre y él tampoco lo sabía. Entonces mi padre me dijo que podía ir a la biblioteca a buscar su nombre. La palabra "biblioteca" me sonó como una palabra mágica porque me pareció que si ibas a un lugar llamado "biblioteca", podrías resolver todas tus preguntas.

Así pues, unos días después fui a la ciudad por primera vez con mi padre para visitar la "biblioteca". En la biblioteca había de todo. Todas las cosas que querías saber estaban allí. La verdad es que la biblioteca me pareció un palacio del conocimiento y me encantó. Por eso, desde entonces nunca he dejado de visitarla.

1 直説法過去完了形

◆ 過去完了形は助動詞 haber の直説法線過去形と動詞の過去分詞（無変化）から作られます.

◀101

直説法過去完了形		
助動詞 haber の直説法線過去形 ＋ 動詞の過去分詞（無変化）		
yo	**había**	habl**ado** en español
tú	**habías**	com**ido** mucho
él	**había**	viv**ido** en Madrid
nosotros	**habíamos**	**abierto** las ventanas
vosotros	**habíais**	**escrito** las cartas
ellos	**habían**	**hecho** los deberes

2 直説法過去完了形の用法

◀102

◆ ある過去の時点から見た「完了」,「経験」,「継続」を表します.

Cuando llegué a la estación, el tren ya <u>había salido</u>.

María me dijo que nunca <u>había estado</u> en Japón.

◆ ある過去の時点から見た過去の【出来事】を表します.

Juan me dijo: —No pude decirle la verdad. → Juan me dijo que no <u>había podido</u> decirle la verdad.

＊過去の【状況】を表す線過去形は変化しません.

Juan me dijo: —Entonces vivía en Madrid. → Juan me dijo que entonces vivía en Madrid.

3 その他の完了形：直説法未来完了形, 直説法過去未来完了形

◀103

◆ 直説法未来完了形は助動詞 haber の直説法未来形と動詞の過去分詞（無変化）から作られます.

直説法未来完了形					
助動詞 haber の直説法未来形　＋　動詞の過去分詞（無変化）					
yo	**habré**	termin**ado** el trabajo	nosotros	**habremos**	**vuelto** a casa
tú	**habrás**	vend**ido** el piso	vosotros	**habréis**	**hecho** los deberes
él	**habrá**	sal**ido** de casa	ellos	**habrán**	**dicho** la verdad

◆ 未来完了形はある未来の時点から見た「完了」,「継続」を表します.

<u>Habremos terminado</u> el trabajo para mañana.

◆ 直説法過去未来完了形は助動詞 haber の直説法過去未来形と動詞の過去分詞（無変化）から作られます.

直説法過去未来完了形					
助動詞 haber の直説法過去未来形　＋　動詞の過去分詞（無変化）					
yo	**habría**	termin**ado** el trabajo	nosotros	**habríamos**	**vuelto** a casa
tú	**habrías**	vend**ido** el piso	vosotros	**habríais**	**hecho** los deberes
él	**habría**	sal**ido** de casa	ellos	**habrían**	**dicho** la verdad

◆ 過去未来完了形は, ある過去にとって未来の時点から見た「完了」,「継続」を表します.

Carmen me dijo que para las tres <u>habría escrito</u> la carta.

◆ 過去未来完了形は，過去の事実に反する仮定文（反実仮想文）の帰結文で用いられます．

Yo que tú, no habría hecho tal cosa.

Yo, **en tu lugar**, no le habría dicho tal cosa.

● MINI-CONVERSACIÓN

Juan : Hola, Rika, ayer me encontré con Akira.

Me dijo que todavía no había visitado Toledo. Y tú, ¿conoces Toledo?

Rika : No, yo no he estado tampoco.

Juan : Entonces, ¿por qué no vamos juntos los tres?

Rika : Buena idea. Voy a llamar a Akira ahora mismo.

Carmen : Akira, ¿por qué estás aquí? ¿No me dijiste que ibas a ir a Toledo con Rika y Juan?

Akira : Sí, pero no pude tomar el tren. Cuando llegué a la estación, el tren ya había salido.

Carmen : Ay, Akira, no tienes remedio.

● EJERCICIO

① 不定詞を過去完了形にして日本語に合うスペイン語文を作りましょう．

1. 私たちがパーティに到着した時には，彼らはすでに立ち去っていました．

Cuando nosotros llegamos a la fiesta, ellos ya (marcharse) _____ .

2. アントニオは外国に一度も行ったことがないと私たちに言いました．

Antonio nos dijo que nunca (estar) _____ en el extranjero.

3. そのときまで私は彼ほど優しい人に会ったことがありませんでした．

Hasta entonces yo no (conocer) _____ a nadie tan amable como él.

4. 私たちが家に戻った時には，もう雨はやんでいました．

Cuando volvimos a casa, ya (dejar) _____ de llover.

5. 君，和食を食べたことがないって言わなかった？

¿No me dijiste que no (comer) _____ la comida japonesa?

② 不定詞を未来完了形にして日本語に合うスペイン語文を作りましょう．

1. そのときまでには，私は駅へ着いているでしょう．

Para entonces, ya (llegar) _____ a la estación.

2. 8時までには，ホセは家に戻っているでしょう．

Para las ocho, José (volver) _____ a casa.

3. 来月までには彼は車を修理し終わっているでしょう．

Para el mes próximo, él (terminar) _____ de reparar el coche.

③ 不定詞を過去未来完了形にして日本語に合うスペイン語文を作りましょう．

1. ミゲルはそのときまでには駅へ着いているだろうと言いました．

Miguel me dijo que para entonces (llegar) _____ a la estación.

2. ホセのお母さんは8時までにはホセは家に戻っているだろうと言いました．

La madre de José me dijo que él (volver) _____ a casa para las ocho.

3. 彼は翌月までには車を修理し終わっているだろうと言いました．

Él me dijo que (terminar) _____ de reparar el coche para el mes siguiente.

4. 僕が彼なら，彼女に真実を言っただろう．

Yo que él, le (decir) _____ la verdad.

1 接続法現在形：規則動詞 ◀105

◆ -er 動詞と -ir 動詞の活用形は同じになります.

	hablar	comer	vivir
yo	hable	coma	viva
tú	hables	comas	vivas
él	hable	coma	viva
nosotros	hablemos	comamos	vivamos
vosotros	habléis	comáis	viváis
ellos	hablen	coman	vivan

2 接続法現在形：不規則動詞

① -ga 型（直説法現在形の 1 人称単数の形が -go で終わるものです） ◀106

tener	hacer	venir	poner	decir
tenga	haga	venga	ponga	diga
tengas				
tenga				
tengamos				
tengáis				
tengan				

② 語幹母音変化動詞 （-ir 動詞の場合には，特に注意しましょう） ◀107

querer	poder	pedir		dormir		sentir	
quiera	pueda	pido (直説法)	pida	duermo (直説法)	duerma	siento (直説法)	sienta
		pides					
		pide					
		pedimos	pidamos				
		pedís	pidáis				
		piden	pidan				

③ その他（それぞれ辞書で確認しておきましょう）　◀108

ser	estar	saber	ir	haber*
sea	**esté**	**sepa**	**vaya**	**haya**

* haber は接続法現在完了形の助動詞になります．

3 接続法現在完了形　◀109

接続法現在完了形
助動詞 haber の接続法現在形　＋　動詞の過去分詞（無変化）
haya　termin**ado** el trabajo　　　　**hayamos**　**vuelto** a casa
hayas　vend**ido** el piso　　　　　　**hayáis**　**hecho** los deberes
haya　sal**ido** de casa　　　　　　　**hayan**　**dicho** la verdad

4 接続法とは

◆ スペイン語の動詞には人称・数・時制のほかに，「**法**」（**modo**）と呼ばれるカテゴリーがあります．これまで学習してきた動詞の活用形はすべて「**直説法**」（**modo indicativo**）と呼ばれるものでした．ここからは新たに「**接続法**」（**modo subjuntivo**）と呼ばれる法を見ていきます．

◆ 「接続法」はその名前が示すように【接続された文】，つまり，主に「従属文」に出現します．【接続された文】の中に「接続法」が用いられるのか，「直説法」が用いられるのかは，これから見て行くように，主文がどのような意味を表しているのかによります．

● MINI-CONVERSACIÓN　◀110

Rika :　Juan, mi próxima clase de español trata del subjuntivo y todos dicen que es muy difícil. ¿Es cierto?

Juan :　Creo que para nosotros es algo natural, pero no creo que sea fácil para vosotros los extranjeros.

Akira :　Carmen, tengo un problema.

Carmen :　Ah, ¿sí? ¿Qué problema tienes?

Akira :　Quiero quedarme más tiempo aquí, pero mis padres quieren que yo vuelva a Japón muy pronto.

● EJERCICIO

接続詞 que の前にどんな表現が来ているかに注目しながら，不定詞を接続法現在形にしましょう．

1. Yo quiero que tú (estudiar) _____ mucho.
2. Yo me alegro mucho de que mis hijos (leer) _____ mucho.
3. Yo no creo que mi marido (escribir) _____ tantas cartas.
4. Yo dudo mucho que mis alumnos (llegar) _____ a tiempo.
5. Es posible que mañana (llover) _____ .
6. Es mejor que mañana vosotros (salir) _____ más temprano.

1 名詞節中の接続法

◆ 接続詞 que に導かれた「名詞節」の主文が「願望」・「感情」・「疑惑」・「可能性」・「評価」の意味を持っているとき，その名詞節中の動詞は**【接続法】**になります.

【願望】 Yo **quiero** que mis hijos estudien más.
Deseo que tengas un año lleno de felicidad.
Esperamos que todo salga bien.

【感情】 **Siento** mucho que ya os marchéis de Japón.
Me alegro de que hayáis llegado sin ningún problema.

【疑惑】 **No creo** que María esté casada.
Dudo que José cante tan bien como Juan.

【可能性】 **Es posible** (**imposible**) que mañana no venga nadie.
Es probable que nieve en las montañas.

【評価】 **Es necesario** que lleguemos a tiempo.
Es mejor que te quedes en casa.

2 関係詞 que

◆ スペイン語でもっともよく用いられる関係詞は **que** です. この que は先行詞としてモノ・人の両方を取ります.

María tiene un coche. El coche corre muy rápido.
→ María tiene un coche **que** corre muy rápido.

María tiene un amigo. Él sabe bien japonés.
→ María tiene un amigo **que** sabe bien japonés.

No me gusta la aplicación. José me la recomendó.
→ No me gusta la aplicación **que** me recomendó José.

3 現在分詞

◆ スペイン語の現在分詞は，次のようにして作られます.

-ar 動詞：	語幹 + **-ando**	hablar : hablando	
-er/-ir 動詞：	語幹 + **-iendo**	comer : comiendo	vivir : viviendo
不規則形：	語幹母音変化動詞	sentir : sintiendo	corregir : corrigiendo
		dormir : durmiendo	poder : pudiendo
	その他	ir : yendo	leer : leyendo

◆ **【estar の活用形＋現在分詞】**は「進行形」を表します.
María, ¿qué estás haciendo ahora?
—Estoy estudiando porque mañana tengo un examen.

◆ 現在分詞は「～しながら」のように副詞的に用いられます.
Nosotros siempre comemos viendo la televisión.

4 形容詞節中の接続法

◆ 「形容詞節」は名詞句を修飾する関係詞文のことを指します．形容詞節中で接続法が用いられるのは，先行詞の示すモノ・人の存在が不明あるいは不在の場合です．

> **Buscamos** (**Estamos buscando**) una chica que <u>sepa</u> manejar el ordenador.
> Juan **quiere** una moto que <u>corra</u> muy rápido.
> **No hay nadie** que me <u>quiera</u>.
> Aquí **no hay nada** que me <u>guste</u>.
> ¿Hay alguien que <u>pueda</u> dejarme los apuntes de lingüística?

● MINI-CONVERSACIÓN

Carmen : Me alegro mucho de que hayas decidido quedarte aquí un año más.

Akira : La verdad es que fue muy difícil convencer a mis padres, pero lo conseguí. Estoy muy contento.

Carmen : Y yo estoy muy tranquila.

Rika : Juan, ¿conoces a alguien que sepa catalán?

Juan : Sí, claro. Mis primos viven en Barcelona, así que seguro que saben catalán.

Rika : ¡Qué bien! Estoy buscando también a alguien que hable euskera. ¿Conoces a alguien?

Juan : No, no conozco a nadie que sepa euskera.

Bon dia!　*Kaixo!*

● EJERCICIO

① 日本語に合うように不定詞を直説法あるいは接続法の適切な活用形にしましょう．

1. 私はあなたたちにいつも時間通りに来てもらいたいです．

Yo quiero que vosotros siempre (llegar) _____ a tiempo.

2. フアンはきっと私を迎えに来る．

Estoy segura de que Juan (ir) _____ a venir a buscarme.

3. 私はあなた方が無事日本に着いたことをとてもうれしく思います．

Me alegro mucho de que ustedes (haber llegado) _____ a Japón sin novedad.

4. 私の父がコンピュータを操作できるなんて私は思っていません．

Yo no creo que mi padre (saber) _____ manejar el ordenador.

5. あなたたちがパーティに来られないなんて残念です．

Es una lástima que vosotros no (poder) _____ venir a la fiesta.

6. 彼女がひとりでパーティに行くなんてありえない．

Es imposible que ella (ir) _____ sola a la fiesta.

7. 私の父はあまりガソリンを食わない車を欲しがっています．

Mi padre quiere un coche que no (gastar) _____ mucha gasolina.

8. 私はとてもよくスペイン語ができる日本人を知っています．

Conozco a un japonés que (saber) _____ muy bien español.

② 日本語に合うように不定詞を適切な【estar の活用形＋現在分詞】にしましょう．

1. あなた今何しているの？ ── 例の論文を書いてるところ．

¿Qué (hacer) _____ tú ahora? —(Escribir) _____ el artículo.

2. 昨日あなたに電話したとき，何してたの？ ──フアンと一緒に映画見てたんだ．

¿Qué (hacer) _____ tú cuando te llamé?—(Ver) _____ una película con Juan.

3. この間の日曜日あなた何した？ ── 一日中図書館で勉強してた．

¿Qué hiciste el domingo pasado? —(Estudiar) _____ todo el día en la biblioteca.

1 副詞節中の接続法

◀116

◆ 「**副詞節**」は副詞のように主文を修飾する従属文のことを言います．「仮定」的な時の副詞節，また，主文の主語と従属文の主語が異なる「目的」の副詞節では「接続法」が使われます．

 Cuando <u>llegue</u> a Madrid, te llamaré por teléfono.
 Cuando <u>haga</u> buen tiempo, iremos a la playa. *cf.* Cuando hace buen tiempo, vamos a la playa.
 Aunque <u>llueva</u>, iré a tu casa sin falta. *cf.* Aunque llueve, iré a tu casa sin falta.
 Quiero ahorrar dinero **para que** mi hijo <u>pueda</u> estudiar sin ninguna preocupación.
       cf. Quiero ahorrar dinero para poder estudiar sin ninguna preocupación.

2 単文中の接続法

◀117

◆ 接続法は **ojalá**「どうか～でありますように」のような【願望】を表す語，また，**quizá(s)**「おそらく」のような【可能性】を表す語と共に単文で使うことができます．

 ¡Ojalá (**que**) <u>aprobemos</u> todos el examen!
 Quizá(**s**) Carmen no <u>esté</u> en casa.

◆ 【**que** ＋接続法現在】も「～でありますように」のような【願望】を表します．

 ¡Que <u>tengas</u> buenas vacaciones! **¡Que** <u>seáis</u> felices! **¡Que** usted <u>se mejore</u> pronto!

3 命令形

◀118

◆ スペイン語の命令形は聞き手を示す tú, vosotros, usted, ustedes に従って異なる形式となり，次の表にまとめられます．

	肯定命令形	否定命令形
tú	**直説法現在 3 人称単数形**	no ＋ 接続法現在形
vosotros	**不定詞の -r を -d に変える**	no ＋ 接続法現在形
usted	接続法現在形	no ＋ 接続法現在形
ustedes	接続法現在形	no ＋ 接続法現在形

	pasar		comer		abrir	
tú	pas**a**	no pases	com**e**	no comas	abr**e**	no abras
vosotros	pasa**d**	no paséis	come**d**	no comáis	abri**d**	no abráis
usted	pase	no pase	coma	no coma	abra	no abra
ustedes	pasen	no pasen	coman	no coman	abran	no abran

◆ 否定命令形は【**no** ＋**接続法現在形**】によって作られます．
◆ tú および vosotros の肯定命令形は特に「**命令法**」と呼ばれ，tú には次の不規則形があります．
① 語幹がそのまま tú の肯定命令形になるもの
 poner : **pon** tener : **ten** venir : **ven** salir : **sal** hacer : **haz**（正書法上の変化あり）
② その他 ir : **ve** decir : **di** ser : **sé**

4 命令形と代名詞

◆ 肯定命令形と共に用いられる代名詞は，その肯定命令形の直後に付加されます．

◆ スペイン語では，文の核となる動詞のアクセントの位置は，常に維持されます．そのために，肯定命令形の直後に代名詞が付加される場合，そのアクセントの位置を維持するために，アクセント符号が付けられる場合があります．

Tú **me** esperas aquí.	→ Espéra**me** aquí.	Vosotros **me** esperáis aquí.	→ Esperad**me** aquí.
Usted **me** espera aquí.	→ Espére**me** aquí.	Ustedes **me** esperan aquí.	→ Espéren**me** aquí.
Tú **me lo** das.	→ Dáme**lo**.	Vosotros **me lo** dais.	→ Dád**melo**.
Usted **me lo** da.	→ Déme**lo**.	Ustedes **me lo** dan.	→ Dén**melo**.
Tú **te** levantas.	→ Levánta**te**.	Vosotros **os** levantáis.	→ Levanta**os**.
		(vosotros の肯定命令形の直後に os が来ると -d が取れます)	
Usted se levanta.	→ Levánte**se**.	Ustedes **se** levantan.	→ Levánten**se**.

◆ 否定命令形と共に用いられる代名詞は，その前に置かれます．

Tú no **me** esperas.	→ No **me** esperes.	Vosotros no **me** esperáis.	→ No **me** esperéis.
Usted no **me** espera.	→ No **me** espere.	Ustedes no **me** esperan.	→ No **me** esperen.
Tú no **te** levantas.	→ No **te** levantes.	Vosotros no **os** levantáis.	→ No **os** levantéis.
Usted no **se** levanta.	→ No **se** levante.	Ustedes no **se** levantan.	→ No **se** levanten.

● MINI-CONVERSACIÓN

Juan : Rika, cuando llegues a Barcelona, no te olvides de llamar a mi primo Miguel. Seguro que irá a la estación a buscarte.

Rika : De acuerdo. Le llamaré sin falta. Muchas gracias por todo, Juan.

Juan : De nada. ¡Que lo pases bien en Barcelona!

Carmen : Aunque llueva mañana, iré al concierto. Es que no quiero perder esta oportunidad.

Akira : ¿A qué te refieres, Carmen?

Carmen : Estoy hablando del concierto de Madonna. Vienes conmigo, ¿verdad?

Akira : Sí, claro. Pero, ¿dónde y a qué hora quedamos?

Carmen : Mira, quedamos en la entrada a las ocho, ¿vale? Llega puntual, ¿eh?

● EJERCICIO

① 日本語に合うように不定詞を適切な活用形にしましょう．

1. 明日いい天気だといいんだけどな． ¡Ojalá (hacer) _____ buen tiempo mañana!
2. たぶんホセは今日来ないよ． Quizás José no (venir) _____ hoy.
3. どうかご自愛ください． Que (cuidarse) _____ usted.
4. おまえ，早くよくなれよ！ ¡Que (mejorarse) _____ pronto!

② 指示に従い，以下の動詞句の命令形を作りましょう．

1. (tú, vosotros, usted, ustedes に対する肯定命令) esperar un momento
2. (tú, vosotros, usted, ustedes に対する肯定命令) venir aquí
3. (tú, vosotros, usted, ustedes に対する否定命令) tener miedo
4. (tú, vosotros, usted, ustedes に対する否定命令) sentarse aquí
5. (tú, vosotros, usted, ustedes に対する肯定命令) ponerse allí

LECCIÓN 23

1 接続法過去形：規則動詞

◆1121

◆ 接続法過去形には -ra 形と -se 形がありますが，その働きに違いはなく両方同じように使われます.

hablar		comer		vivir	
hablara	hablase	comiera	comiese	viviera	viviese
hablaras	hablases	comieras	comieses	vivieras	vivieses
hablara	hablase	comiera	comiese	viviera	viviese
habláramos	hablásemos	comiéramos	comiésemos	viviéramos	viviésemos
hablarais	hablaseis	comierais	comieseis	vivierais	vivieseis
hablaran	hablasen	comieran	comiesen	vivieran	viviesen

2 接続法過去形：不規則動詞

◆ 接続法過去の不規則活用形は直説法点過去形の 3 人称複数形から -ron を除いたものに -ra/se, -ras/ses, -ra/se, -ramos/semos, -rais/seis, -ran/sen を付けることによって作られます.

① 語幹の形が変化するもの

◆122

poder (pudieron)	saber (supieron)	haber (hubieron)	hacer (hicieron)	venir (vinieron)	decir (dijeron)
pudiera			hiciera		
pudieras			hicieras		
pudiera			hiciera		
pudiéramos			hiciéramos		
pudierais			hicierais		
pudieran			hicieran		

② その他

◆123

ir/ser (fueron)	dar (dieron)

① 語幹の形が変化するもの
　　tener (tuvieron) : tuviera ...
　　estar (estuvieron) : estuviera ...
　　querer (quisieron) : quisiera ...
　　sentir (sintieron) : sintiera ...

② その他
　　ver (vieron) : viera ...

3 接続法過去形の用法

◆ 接続法過去形は接続法現在形が「時制の一致」を受けた形式として使われます.

Yo quiero que mis hijos <u>estudien</u> más. → Yo quería que mis hijos **estudiaran** más.

No creo que María <u>esté</u> casada. → No creí que María **estuviera** casada.

Es posible que mañana no <u>venga</u> nadie. → Era posible que al día siguiente no **viniera** nadie.

Juan quiere una moto que <u>corra</u> muy rápido. → Juan quería una moto que **corriera** muy rápido.

No hay nada que me <u>guste</u>. → No había nada que me **gustara**.

María me dijo: —Cuando <u>llegue</u> a Madrid, te llamaré por teléfono.

→ María me dijo que cuando **llegara** a Madrid me llamaría por teléfono.

Quiero ahorrar dinero para que mi hijo <u>pueda</u> estudiar sin ninguna preocupación.

→ Quería ahorrar dinero para que mi hijo **pudiera** estudiar sin ninguna preocupación.

● MINI-CONVERSACIÓN

Juan : Hola, Rika, ¿qué tal el viaje a Barcelona?

Rika : Fue fenomenal. Lo disfruté muchísimo.

Juan : Me alegro. Por cierto, ayer me llamó Miguel y dijo que quería que volvieras a Barcelona muy pronto.

Akira : Carmen, lo pasamos muy bien en el concierto de Madonna, ¿verdad?

Carmen : Sí, fue una noche maravillosa.

Akira : El otro día me dijiste que no había nadie que bailara tan bien como ella, ¿no? Entonces no lo creía, pero anoche, cuando la vi bailando delante de mis ojos, me di cuenta de que tenías toda la razón.

Carmen : Ah, ¿sí? Me alegro.

● EJERCICIO

日本語に合うように不定詞を接続法過去形に活用させましょう.

1. 私はあなたが試験に合格するのを願っていました.

Yo deseaba que tú (aprobar) _____ el examen.

2. 誰もこれ以上物価が上がってほしくなかった.

Nadie quiso que (subir) _____ más los precios.

3. ホセはお父さんがカラオケ好きだなんて信じませんでした.

José no creyó que a su padre le (gustar) _____ el karaoke.

4. 君たちが彼の味方をするなんて残念でした.

Fue una lástima que vosotros lo (apoyar) _____ .

5. そのお店に何かあなたの興味を引くものはありましたか？

¿Había algo en la tienda que te (interesar) _____ ?

6. 君，たとえ雨が降っても行くって僕に言わなかった？

¿No me dijiste que irías aunque (llover) _____ ?

7. マリアは真実を知っている可能性がありました.

Era posible que María (saber) _____ la verdad.

1 直説法の si 条件文 ◀126

◆ スペイン語の典型的条件文は接続詞 **si** を用いて表します．**si** 条件節では直説法を用いることができます．この **si** 条件節内の直説法現在形は，実現する可能性のある仮定・条件を表します．なお，未来のことを仮定する場合，**si** 条件節内では未来形を使うことはできません．

Juan me dijo: —**Si** hace buen tiempo mañana, iremos a la playa.

◆ si 条件節内の線過去形は，ある過去における仮定・条件を表します．なお，その過去の時点より後に起こることを仮定する場合，si 条件節内で過去未来形を用いることはできません．

Juan me dijo que **si** hacía buen tiempo al día siguiente, iríamos a la playa.

2 接続法の si 条件文 ◀127

◆ si 条件節では接続法を用いることもできます．si 条件節で接続法を用いると，実現の可能性が極めて低い，あるいは，事実とは反する内容を仮定する条件文（いわゆる反実仮想文）になります．なお，**si** 条件節で用いられるのは接続法過去形と接続法過去完了形だけで，接続法現在形が用いられることはありません．

◆ 【si ＋接続法過去形，過去未来形】は，「もし〜ならば，…なのに」という現在の事実とは反することや極めて実現の可能性の低いことを仮定する際に用いられます．

Si hiciera buen tiempo hoy, iríamos a la playa.

◆ 【si ＋接続法過去完了形，過去未来完了形】は，「もし〜だったら，…だったのに」という過去の事実とは反することを仮定する際に用いられます．

Si hubiera hecho buen tiempo entonces, habríamos ido a la playa.

3 接続法過去完了形 ◀128

接続法過去完了形			
助動詞 haber の接続法過去形 ＋ 動詞の過去分詞（無変化）			
hubiera	habl**ado** en español	**hubiéramos**	**abierto** las ventanas
hubieras	com**ido** mucho	**hubierais**	**escrito** las cartas
hubiera	viv**ido** en Madrid	**hubieran**	**hecho** los deberes

4 最上級の表現（副詞）◀129

◆ スペイン語の副詞の最上級の作り方にはいろいろあります．もっとも簡単なのは，**nadie**，**nada** といった否定語と比較構文を組み合わせた「誰よりも / 何よりも〜だ」という表現です．

Mi madre se levanta **más** temprano **que nadie**.
A mi padre le gusta el vino **más que nada**.

◆ 副詞の最上級の表現には，形容詞の最上級と同じように【定冠詞】を用いるものもあります．

最上級（副詞）					
主語	＋ ser	＋定冠詞 que	＋ más 副詞	＋動詞	＋ de 〜
Mi madre	es	**la que**	**más** temprano	se levanta	**de** la familia.

Nuestro profesor es **el que mejor** baila de todos.

5 感嘆文

◆ スペイン語の感嘆文は【**qué** ＋形容詞／副詞／名詞】で作ることができます。

　　Mira, ¡**qué** bonito es este bolso!　　　¡**Qué** bien cantas!　　　¡Ay, **qué** dolor!

● MINI-CONVERSACIÓN

Rika :　　Juan, mira aquellas zapatillas, ¡qué bonitas!

Juan :　　Sí, son preciosas. ¿Por qué no te las pruebas?

Rika :　　No puedo.

Juan :　　¿Por qué?

Rika :　　Porque me he dejado la cartera en casa.
　　　　　Si tuviera dinero ahora, me las probaría.

Akira :　　Hola, Carmen, ¿cómo te fue el examen?

Carmen :　Bien. ¿Y a ti cómo te fue?

Akira :　　Fatal. No pude terminar todo. Si hubiera tenido más tiempo, habría llegado hasta la última
　　　　　pregunta, pero...

Carmen :　Como no tenías suficiente tiempo, no pudiste, ¿verdad?

Akira :　　Exacto.

● EJERCICIO

① 日本語に合うように不定詞を適切に活用させましょう。

1. もし望むなら，テレサを紹介するよ。
　　Si [tú] (querer) _____ , te (presentar) _____ a Teresa.

2. もし私があなたなら，そんなことはしない。
　　Si yo (ser) _____ tú, no (hacer) _____ tal cosa.

3. もし私が彼女なら，そのときそんなことはしなかったわ。
　　Si yo (ser) _____ ella, no (hacer) _____ tal cosa entonces.

4. もし私たちが百万長者なら，世界を旅行してまわるけど（残念ながら百万長者ではない）。
　　Si nosotros (ser) _____ millonarios, (viajar) _____ por todo el mundo.

5. もしあのときマリアがいたら，ホセはあんなふうに振舞わなかったろうに。
　　Si María (estar) _____ entonces, José no (comportarse) _____ así.

② 日本語に合うように （　）に適切な一語を入れましょう。

1. このパエージャは何ておいしいんでしょう！
　　¡ (　　　　) rica (　　　　) esta paella!

2. マリアは何て感じがいいんだろう！
　　¡ (　　　　) simpática (　　　　) María!

3. ああうれしい！
　　Ay, ¡ (　　　　) alegría!

4. ホセは何よりもサッカーが好きです。
　　(　　　　) José le (　　　　) el fútbol (　　　　) que (　　　　).

5. マルタはクラスの中でいちばん歌がうまい。
　　Marta (　　　) (　　　) (　　　) (　　　　) canta (　　　　) la clase.

1 完了形（haber ＋ 過去分詞［無変化］）のまとめ

◆ 完了形に共通の特徴は，基準時（◇）よりも前に起こった出来事（●）の結果が，その基準時と何らかの関係を持っていることを表す点にあります．図示すると，次のようになります．

| 完了形で表される出来事 | 基準時 |
| el tren ya había salido | llegué a la estación |

出来事の結果が基準時と何らかの関係を持つ

Cuando llegué a la estación, el tren ya había salido.

私が駅に着いたとき，列車はすでに出発していた．

2 位置・場所の表現

en …に，で	encima de …の上に	debajo de …の下に
sobre …の上に	bajo …の下に	
delante de …の前に	detrás de …の後ろに	enfrente de …の正面・向かいに
al lado de …の横に	al fondo de …の突き当りに	cerca 近くに　　lejos 遠くに
entre A y B　A と B の間に	a la derecha 右に	a la izquierda 左に

Perdón, ¿dónde está el baño? —Está al fondo del pasillo.

すみません，おトイレはどこでしょうか．——廊下の突き当りです．

Disculpe, ¿sabe usted dónde está el Banco de España? —Está enfrente de la Fuente de Cibeles.

すみません，スペイン銀行がどこにあるかご存じでしょうか．——シベレス噴水の向かいです．

Perdone, ¿para ir al Museo del Prado? —La primera calle a la derecha. Está muy cerca.

すみません，プラード美術館に行くには（どうしたらいいですか）？　——最初の通りを右です．とても近いですよ．

3 時の表現

ahora 今	en este momento 現在，今	hoy 今日
esta mañana 今朝	de momento / por el momento 目下，今のところ	
ayer 昨日	anteayer / antes de ayer おととい	hace una semana 1 週間前
hace (mucho) tiempo ずいぶん前	hace un rato 少し前	unos días atrás 数日前
la semana pasada 先週	el mes pasado 先月	el año pasado 去年
mañana 明日	pasado mañana あさって	
dentro de una semana 1 週間後	dentro de quince días 2 週間後	unos días después 数日後
la semana que viene 来週	el mes que viene 来月	el año que viene 来年

En este momento no puedo decir nada sobre el asunto.

現在その件については何も言えません．

De momento / Por el momento eso es todo.

今のところ，以上です．

Ayer llovió a cántaros, pero hoy está despejado.

　昨日はどしゃ降りだったが，今日は快晴だ.

¿Has visto a José? —Estaba aquí hace un rato, pero no sé dónde está ahora.

　ホセを見た？ ——少し前はここにいたけど，今どこにいるかは知らない.

La campaña electoral empieza dentro de poco.

　選挙キャンペーンはもうじき始まる.

Unos días después de la boda, María y Miguel se fueron de luna de miel a París.

　結婚式の数日後，マリアとミゲルはハネムーンでパリに向かった.

4 si 以外の条件表現

a condición de que ＋接続法　…という条件で　　en caso de que ＋接続法　…の場合
a menos que ＋接続法　…でない限り　　a no ser que ＋接続法　…でなければ，…でない限り

Te contaré toda la verdad a condición de que no se la digas a nadie.

　誰にも言わないという条件なら，本当のことをすべて話してあげる.

En caso de que no haya nadie a la hora señalada, avíseme, por favor.

　所定の時刻に誰もいない場合は，知らせてください.

Te esperaré allí, a menos que ocurra algo inesperado.

　何か不測の事態が起こらない限り，そこであなたを待つ.

A no ser que tengas algún título académico, será difícil conseguir ese puesto de trabajo.

　何かアカデミックな資格を持っていなければ，その職を得るのは難しいだろう.

5 講読練習

　　Ahora estamos en el siglo XXI.　Pero si estuviéramos viviendo en el siglo XV, ¿qué sentiríamos? ¿Nos sentiríamos más felices o más infelices? Imagináoslo.

　　En el siglo XV no había tanta gente como ahora y había más naturaleza.　Por lo tanto, el cielo estaría más limpio y podríamos respirar un aire más puro.　O sea, ecológicamente hablando, podríamos vivir mucho mejor en el siglo XV.

　　Sin embargo, la comodidad que se disfruta en el siglo XXI no la encontraríamos en ningún lado porque no habría cosas como el móvil y los ordenadores que pudieran hacer nuestra vida más fácil.　También las oportunidades que pudiera tener una persona serían más limitadas.　Por ejemplo, un hijo o una hija de un campesino no podría estudiar todo lo que quisiera.　Una mujer casada tampoco podría hacer lo que le gustara, ya que, en caso de que necesitara hacer algo, siempre tendría que pedirle permiso a su marido.　Es decir, desde el punto de vista de los derechos humanos, el siglo XV sería una época bastante difícil para vivir.

　　Pensando así, podríamos decir que no nos sentiríamos completamente felices ni en el siglo XV ni el siglo XXI.

スペイン語小史

　スペイン語の起源は遠く古代ローマ帝国まで遡ります．古代ローマ帝国はイタリア半島ローマ周辺に存在した一都市国家が戦争，侵略を通し領土を拡大，ついにはイベリア半島を含む広大な地中海周辺領域をその支配下に治めることになったものですが，その版図拡張には常にローマ人の話す言語，すなわち，ラテン語の伝播が伴いました．その結果，古代ローマ帝国の支配下に置かれた地域の人々が話していた諸言語は，新たにローマ人の兵士や商人，植民者たちの話すラテン語（特に，「俗ラテン語」と呼ばれます）に取って代わられていったのです．そのようにして新たに導入されたラテン語は，時間が経つにつれて，各地域を取り巻く様々な状況により地域的な変異を見せるようになり，ついには，イベリア半島で話されていたラテン語はスペイン語とポルトガル語に，かつてのガリア地域で話されていたラテン語はフランス語に，イタリア半島で話されていたラテン語はイタリア語に，さらに，現在のルーマニアに相当する地域で話されていたラテン語はルーマニア語に変容しました．言い換えれば，現在私たちがスペイン語，ポルトガル語，フランス語，イタリア語，ルーマニア語という名で呼ぶ言語はいずれもラテン語を母体とする姉妹言語なのです（そのようなことから，これらの言語は総括して「ロマンス諸語」と呼ばれます）．それは，以下のように，これらの言語の数詞を見ただけでも明らかです．

スペイン語：	**uno, dos, tres, cuatro, cinco**
ポルトガル語：	**um, dois, três, quatro, cinco**
フランス語：	**un, deux, trois, quatre, cinq**
イタリア語：	**uno, due, tre, quattro, cinque**
ルーマニア語：	**unu, doi, trei, patru, cinci**

　このようにローマ人が話していたラテン語から生まれたスペイン語ですが，その歴史的展開にはその他の様々な民族およびその言語・文化の影響がありました．なかでもスペイン語の歴史におけるアラビア語の影響は無視できません．711 年，アラビア人率いるイスラム教徒がイベリア半島に侵入し，その後約 800 年もの間，イベリア半島はキリスト教徒，イスラム教徒，ユダヤ教徒という異文化・異民族の共存する地となりました．そのような中，キリスト教徒はイスラム教徒が持ち込んだ未知の科学技術，文化を積極的に吸収していきました．その痕跡は，例えば，スペイン語の algodón, alcohol, arroz のような al- や ar- で始まる単語に垣間見られます．それらはアラビア語の定冠詞の名残だからです．このように，イスラム教徒とキリスト教徒の接触から生まれた文化的交流の成果は，以後，ヨーロッパ全体に広がることになります．

　さて，8 世紀にも亘るキリスト教徒，イスラム教徒，ユダヤ教徒の共存は，1492 年に，国土回復運動（いわゆる Reconquista）を進めてきた Castilla の Isabel 女王と Aragón の Fernando 王が Granada にあったイスラム教徒の最後の拠点を陥落させたことにより終わりを告げます．その後，ますます勢力をつけていったカトリック両王国は，インドに向かうための新航路を開拓しようとしていたコロンブス（Cristóbal Colón）の後ろ盾になったことにより，彼が図らずも到達した新大陸をその手中に収めることになりました．スペインの中南米の植民化の始まりです．コロンブス以後，アステカ文明を滅ぼしたコルテス（Cortés），インカ帝国を滅ぼしたピサロ（Pizarro）等，多くの植民者が新大陸を侵略した結果，それらの地域で話されていた多くの言語はスペイン語に駆逐されることになりました．現在，中南米諸国の多くがスペイン語を公用語にしているのはその結果と言えます．

　このようにヨーロッパのイベリア半島から北米メキシコおよび中米，さらに南米まで広がっていったスペイン語ですが，21世紀の今日，その話し手はますます増加し，地球上におけるその数は中国語に次ぐ第 2 位と言われています．英語また英語圏文化を基にしたグローバリゼーションが叫ばれる昨今，地理的にも文化的にも多様で豊かなスペイン語およびスペイン語圏世界が将来に持つ意味は少なくないでしょう．本書を通して，スペイン語の扉を開けたみなさんが，これから先のスペイン語世界に少しでも思いをはせてくださることを期待しています．

スペイン語の多様性 ── 半島スペイン語とアメリカ・スペイン語 ──

　「スペイン語小史」で見たように，もともとヨーロッパのイベリア半島の一言語であったスペイン語は現在中南米を始めとする 20 か国を超える国々の公用語となり，アメリカ合衆国の西海岸やフロリダ州のように日常どこでも耳にする言語となっている地域も少なくありません．このように広大な地域で話されているスペイン語には，当然のことながら，各地域に特有の発音，文法，語彙が見られます．すなわち，スペイン語には地域ごとの多様性があるわけです．このスペイン語の多様性を語る際には，スペインのスペイン語（以後，半島スペイン語）と中南米のスペイン語（以後，アメリカ・スペイン語）に分けるのが一般的です．そこで，以下では，半島スペイン語とアメリカ・スペイン語という観点から，スペイン語の多様性について見ていきます．

　まず，発音です．半島スペイン語とアメリカ・スペイン語を区別するもっとも特徴的な発音は za / ce(ze) / ci(zi) / zo / zu の了音の発音です．半島スペイン語では英語の *think* の th に近い [θ] で発音されるのに対し，アメリカ・スペイン語では [s] で発音されます．つまり，半島スペイン語では caza の z は [θ] で casa の s の [s] とは異なる音ですが，アメリカ・スペイン語ではどちらも同じ [s] になるということです．また，ll，y の発音にも違いが見られます．一般に，これらは [j] で発音されますが，アルゼンチンやウルグアイでは英語の *she* の sh の音 [ʃ] で発音されるからです．

　次に文法面での大きな違いとしては，まず，アメリカ・スペイン語では半島スペイン語の 2 人称複数形 vosotros は使われず，その代わりに ustedes が使われるという点をあげることができます．その結果，アメリカ・スペイン語の動詞の活用形は 5 つということになります．また，中米やアルゼンチン，ウルグアイなどでは，tú の代わりに vos が使われますが，この代名詞の直説法現在形と命令形は特殊な形になります．それから，時制の使い方にも半島スペイン語とアメリカ・スペイン語とでは違いが見られます．特徴的なのは，直説法未来形と直説法現在完了形に見られるものです．まず，現在より後の出来事に言及する際，アメリカ・スペイン語では，直説法未来形ではなく "ir の現在形＋a＋不定詞" が用いられることが多く，未来形は主に現在の推量の表現として使われると言われています．一方，半島スペイン語で直説法現在完了形が使われるような場合，アメリカ・スペイン語では直説法点過去形が用いられることが多いとも指摘されているのです．

　さらに，半島スペイン語とアメリカ・スペイン語の間には語彙の違いも少なくありません．しかも，そのように異なる語彙には，携帯電話 móvil（半島スペイン語）／ celular（アメリカ・スペイン語），コンピュータ ordenador（半島スペイン語）／ computador [computadora]（アメリカ・スペイン語）のように日常生活で使われるものが多いので，「所変われば」ということがしばしば起こります．

　このように，半島スペイン語とアメリカ・スペイン語の間には無視することのできない相違があるのですが，それが両スペイン語のコミュニケーションを妨げるということはなく，どちらのスペイン語がより良いと言うこともありません．むしろ，それは，スペイン語の「一体性」と「多様性」というその極めて特殊で豊かな特徴の証左ともなっているのです．

半島スペイン語とアメリカ・スペイン語の語彙の違いの例

	半島スペイン語	アメリカ・スペイン語
何てすてき！	¡Qué bonito!	¡Qué lindo!
承諾・同意のオーケー	Vale.	O.K.
自動車	coche	carro / auto
電車 / タクシーに乗る	coger el tren / un taxi	tomar el tren / un taxi
（電話に対する応答の）もしもし	Diga.	Aló. / Bueno.
（自動車を）運転する	conducir	manejar

動詞活用表

	直説法現在	直説法点過去	直説法線過去	直説法未来
hablar 話す 現在分詞 hablando 過去分詞 hablado	hablo hablas habla hablamos habláis hablan	hablé hablaste habló hablamos hablasteis hablaron	hablaba hablabas hablaba hablábamos hablabais hablaban	hablaré hablarás hablará hablaremos hablaréis hablarán
comer 食べる 現在分詞 comiendo 過去分詞 comido	como comes come comemos coméis comen	comí comiste comió comimos comisteis comieron	comía comías comía comíamos comíais comían	comeré comerás comerá comeremos comeréis comerán
vivir 住む・生きる 現在分詞 viviendo 過去分詞 vivido	vivo vives vive vivimos vivís viven	viví viviste vivió vivimos vivisteis vivieron	vivía vivías vivía vivíamos vivíais vivían	viviré vivirás vivirá viviremos viviréis vivirán
andar 歩く 現在分詞 andando 過去分詞 andado	ando andas anda andamos andáis andan	*anduve* *anduviste* *anduvo* *anduvimos* *anduvisteis* *anduvieron*	andaba andabas andaba andábamos andabais andaban	andaré andarás andará andaremos andaréis andarán
conducir 運転する 現在分詞 conduciendo 過去分詞 conducido	*conduzco* conduces conduce conducimos conducís conducen	*conduje* *condujiste* *condujo* *condujimos* *condujisteis* *condujeron*	conducía conducías conducía conducíamos conducíais conducían	conduciré conducirás conducirá conduciremos conduciréis conducirán
conocer 知る（知っている） 現在分詞 conociendo 過去分詞 conocido	*conozco* conoces conoce conocemos conocéis conocen	conocí conociste conoció conocimos conocisteis conocieron	conocía conocías conocía conocíamos conocíais conocían	conoceré conocerás conocerá conoceremos conoceréis conocerán
dar 与える 現在分詞 dando 過去分詞 dado	*doy* das da damos *dais* dan	*di* *diste* *dio* *dimos* *disteis* *dieron*	daba dabas daba dábamos dabais daban	daré darás dará daremos daréis darán
decir 言う 現在分詞 *diciendo* 過去分詞 *dicho*	*digo* *dices* *dice* decimos decís *dicen*	*dije* *dijiste* *dijo* *dijimos* *dijisteis* *dijeron*	decía decías decía decíamos decíais decían	*diré* *dirás* *dirá* *diremos* *diréis* *dirán*
doler 痛む 現在分詞 doliendo 過去分詞 dolido	*duelo* *dueles* *duele* dolemos doléis *duelen*	dolí doliste dolió dolimos dolisteis dolieron	dolía dolías dolía dolíamos dolíais dolían	doleré dolerás dolerá doleremos doleréis dolerán
dormir 眠る 現在分詞 *durmiendo* 過去分詞 dormido	*duermo* *duermes* *duerme* dormimos dormís *duermen*	dormí dormiste *durmió* dormimos dormisteis *durmieron*	dormía dormías dormía dormíamos dormíais dormían	dormiré dormirás dormirá dormiremos dormiréis dormirán

直説法過去未来	接続法現在	接続法過去 -ra	命令法	同じ活用の動詞
hablaría	hable	hablara		
hablarías	hables	hablaras	habla	
hablaría	hable	hablara		
hablaríamos	hablemos	habláramos		-ar 動詞規則活用
hablaríais	habléis	hablarais		
hablarían	hablen	hablaran	hablad	
comería	coma	comiera		
comerías	comas	comieras	come	
comería	coma	comiera		
comeríamos	comamos	comiéramos		-er 動詞規則活用
comeríais	comáis	comierais	comed	
comerían	coman	comieran		
viviría	viva	viviera		
vivirías	vivas	vivieras	vive	
viviría	viva	viviera		
viviríamos	vivamos	viviéramos		-ir 動詞規則活用
viviríais	viváis	vivierais	vivid	
vivirían	vivan	vivieran		
andaría	ande	*anduviera*		
andarías	andes	*anduvieras*	anda	
andaría	ande	*anduviera*		
andaríamos	andemos	*anduviéramos*		
andaríais	andéis	*anduvierais*	andad	
andarían	anden	*anduvieran*		
conduciría	*conduzca*	*condujera*		introducir
conducirías	*conduzcas*	*condujeras*	conduce	producir
conduciría	*conduzca*	*condujera*		
conduciríamos	*conduzcamos*	*condujéramos*		
conduciríais	*conduzcáis*	*condujerais*	conducid	
conducirían	*conduzcan*	*condujeran*		
conocería	*conozca*	conociera		agradecer
conocerías	*conozcas*	conocieras	conoce	nacer
conocería	*conozca*	conociera		obedecer
conoceríamos	*conozcamos*	conociéramos		ofrecer
conoceríais	*conozcáis*	conocierais	conoced	parecer
conocerían	*conozcan*	conocieran		
daría	*dé*	*diera*		
darías	des	*dieras*	da	
daría	*dé*	*diera*		
daríamos	demos	*diéramos*		
daríais	deis	*dierais*	dad	
darían	den	*dieran*		
diría	diga	dijera		
dirías	digas	dijeras	*di*	
diría	diga	dijera		
diríamos	digamos	dijéramos		
diríais	digáis	dijerais	decid	
dirían	digan	dijeran		
dolería	*duela*	doliera		mover
dolerías	*duelas*	dolieras	duela	llover
dolería	*duela*	doliera		
doleríamos	dolamos	doliéramos		
doleríais	doláis	dolierais	doled	
dolerían	*duelan*	dolieran		
dormiría	*duerma*	durmiera		morir
dormirías	*duermas*	durmieras	duerme	
dormiría	*duerma*	durmiera		
dormiríamos	*durmamos*	durmiéramos		
dormiríais	*durmáis*	durmierais	dormid	
dormirían	*duerman*	durmieran		

	直説法現在	直説法点過去	直説法線過去	直説法未来
estar 〜 (という状態) である ／〜にある・いる 現在分詞 estando 過去分詞 estado	estoy estás está estamos estáis están	estuve estuviste estuvo estuvimos estuvisteis estuvieron	estaba estabas estaba estábamos estabais estaban	estaré estarás estará estaremos estaréis estarán
haber 〜がある, 完了形の [助 動詞] 現在分詞 habiendo 過去分詞 habido	he has ha; hay hemos habéis han	hube hubiste hubo hubimos hubisteis hubieron	había habías había habíamos habíais habían	habré habrás habrá habremos habréis habrán
hacer する・作る 現在分詞 haciendo 過去分詞 hecho	hago haces hace hacemos hacéis hacen	hice hiciste hizo hicimos hicisteis hicieron	hacía hacías hacía hacíamos hacíais hacían	haré harás hará haremos haréis harán
ir 行く 現在分詞 yendo 過去分詞 ido	voy vas va vamos vais van	fui fuiste fue fuimos fuisteis fueron	iba ibas iba íbamos ibais iban	iré irás irá iremos iréis irán
jugar 遊ぶ 現在分詞 jugando 過去分詞 jugado	juego juegas juega jugamos jugáis juegan	jugué jugaste jugó jugamos jugasteis jugaron	jugaba jugabas jugaba jugábamos jugabais jugaban	jugaré jugarás jugará jugaremos jugaréis jugarán
leer 読む 現在分詞 leyendo 過去分詞 leído	leo lees lee leemos leéis leen	leí leíste leyó leímos leísteis leyeron	leía leías leía leíamos leíais leían	leeré leerás leerá leeremos leeréis leerán
oír 聞く・聞こえる 現在分詞 oyendo 過去分詞 oído	oigo oyes oye oímos oís oyen	oí oíste oyó oímos oísteis oyeron	oía oías oía oíamos oíais oían	oiré oirás oirá oiremos oiréis oirán
parecer 〜のように見える 現在分詞 pareciendo 過去分詞 parecido	parezco pareces parece parecemos parecéis parecen	parecí pareciste pareció parecimos parecisteis parecieron	parecía parecías parecía parecíamos parecíais parecían	pareceré parecerás parecerá pareceremos pareceréis parecerán
pedir 求める 現在分詞 pidiendo 過去分詞 pedido	pido pides pide pedimos pedís piden	pedí pediste pidió pedimos pedisteis pidieron	pedía pedías pedía pedíamos pedíais pedían	pediré pedirás pedirá pediremos pediréis pedirán
pensar 考える 現在分詞 pensando 過去分詞 pensado	pienso piensas piensa pensamos pensáis piensan	pensé pensaste pensó pensamos pensasteis pensaron	pensaba pensabas pensaba pensábamos pensabais pensaban	pensaré pensarás pensará pensaremos pensaréis pensarán

直説法過去未来	接続法現在	接続法過去 -ra	命令法	同じ活用の動詞
estaría	esté	estuviera		
estarías	estés	estuvieras	está	
estaría	esté	estuviera		
estaríamos	estemos	estuviéramos		
estaríais	estéis	estuvierais	estad	
estarían	estén	estuvieran		
habría	haya	hubiera		
habrías	hayas	hubieras	he	
habría	haya	hubiera		
habríamos	hayamos	hubiéramos		
habríais	hayáis	hubierais	habed	
habrían	hayan	hubieran		
haría	haga	hiciera		
harías	hagas	hicieras	haz	
haría	haga	hiciera		
haríamos	hagamos	hiciéramos		
haríais	hagáis	hicierais	haced	
harían	hagan	hicieran		
iría	vaya	fuera		
irías	vayas	fueras	ve	
iría	vaya	fuera		
iríamos	vayamos	fuéramos		
iríais	vayáis	fuerais	id	
irían	vayan	fueran		
jugaría	juegue	jugara		
jugarías	juegues	jugaras	juega	
jugaría	juegue	jugara		
jugaríamos	juguemos	jugáramos		
jugaríais	juguéis	jugarais	jugad	
jugarían	jueguen	jugaran		
leería	lea	leyera		creer
leerías	leas	leyeras	lee	
leería	lea	leyera		
leeríamos	leamos	leyéramos		
leeríais	leáis	leyerais	leed	
leerían	lean	leyeran		
oiría	oiga	oyera		
oirías	oigas	oyeras	oye	
oiría	oiga	oyera		
oiríamos	oigamos	oyéramos		
oiríais	oigáis	oyerais	oíd	
oirían	oigan	oyeran		
parecería	parezca	pareciera		agradecer
parecerías	parezcas	parecieras	parezca	conocer
parecería	parezca	pareciera		nacer
pareceríamos	parezcamos	pareciéramos		obedecer
pareceríais	parezcáis	parecierais	pareced	ofrecer
parecerían	parezcan	parecieran		
pediría	pida	pidiera		medir
pedirías	pidas	pidieras	pide	repetir
pediría	pida	pidiera		servir
pediríamos	pidamos	pidiéramos		vestir
pediríais	pidáis	pidierais	pedid	
pedirían	pidan	pidieran		
pensaría	piense	pensara		cerrar
pensarías	pienses	pensaras	piensa	sentar
pensaría	piense	pensara		
pensaríamos	pensemos	pensáramos		
pensaríais	penséis	pensarais	pensad	
pensarían	piensen	pensaran		

	直説法現在	直説法点過去	直説法線過去	直説法未来
poder 〜できる 現在分詞 *pudiendo* 過去分詞 podido	*puedo* *puedes* *puede* podemos podéis *pueden*	*pude* *pudiste* *pudo* *pudimos* *pudisteis* *pudieron*	podía podías podía podíamos podíais podían	podré podrás podrá podremos podréis podrán
poner おく 現在分詞 *poniendo* 過去分詞 *puesto*	*pongo* pones pone ponemos ponéis ponen	*puse* pusiste puso pusimos pusisteis pusieron	ponía ponías ponía poníamos poníais ponían	pondré pondrás pondrá pondremos pondréis pondrán
querer 欲する 現在分詞 *queriendo* 過去分詞 querido	*quiero* *quieres* *quiere* queremos queréis *quieren*	*quise* quisiste quiso quisimos quisisteis quisieron	quería querías quería queríamos queríais querían	querré querrás querrá querremos querréis querrán
saber 知る（知っている） 現在分詞 *sabiendo* 過去分詞 sabido	*sé* sabes sabe sabemos sabéis saben	*supe* supiste supo supimos supisteis supieron	sabía sabías sabía sabíamos sabíais sabían	sabré sabrás sabrá sabremos sabréis sabrán
salir 出る 現在分詞 *saliendo* 過去分詞 salido	*salgo* sales sale salimos salís salen	salí saliste salió salimos salisteis salieron	salía salías salía salíamos salíais salían	saldré saldrás saldrá saldremos saldréis saldrán
sentir 感じる・残念に思う 現在分詞 *sintiendo* 過去分詞 sentido	*siento* *sientes* *siente* sentimos sentís *sienten*	sentí sentiste *sintió* sentimos sentisteis *sintieron*	sentía sentías sentía sentíamos sentíais sentían	sentiré sentirás sentirá sentiremos sentiréis sentirán
ser 〜である 現在分詞 *siendo* 過去分詞 sido	*soy* *eres* *es* *somos* *sois* *son*	fui fuiste fue fuimos fuisteis fueron	era eras era éramos erais eran	seré serás será seremos seréis serán
tener 持つ 現在分詞 *teniendo* 過去分詞 tenido	*tengo* *tienes* *tiene* tenemos tenéis *tienen*	tuve tuviste tuvo tuvimos tuvisteis tuvieron	tenía tenías tenía teníamos teníais tenían	tendré tendrás tendrá tendremos tendréis tendrán
venir 来る 現在分詞 *viniendo* 過去分詞 venido	*vengo* *vienes* *viene* venimos venís *vienen*	*vine* viniste vino vinimos vinisteis vinieron	venía venías venía veníamos veníais venían	vendré vendrás vendrá vendremos vendréis vendrán
ver 見る・見える 現在分詞 *viendo* 過去分詞 *visto*	veo ves ve vemos *veis* ven	vi viste vio vimos visteis vieron	veía *veías* veía *veíamos* *veíais* *veían*	veré verás verá veremos veréis verán

直説法過去未来	接続法現在	接続法過去 -ra	命令法	同じ活用の動詞
podría podrías podría podríamos podríais podrían	pueda puedas pueda podamos podáis puedan	pudiera pudieras pudiera pudiéramos pudierais pudieran	puede poded	
pondría pondrías pondría pondríamos pondríais pondrían	ponga pongas ponga pongamos pongáis pongan	pusiera pusieras pusiera pusiéramos pusierais pusieran	pon poned	oponer proponer suponer
querría querrías querría querríamos querríais querrían	quiera quieras quiera queramos queráis quieran	quisiera quisieras quisiera quisiéramos quisierais quisieran	quiere quered	
sabría sabrías sabría sabríamos sabríais sabrían	sepa sepas sepa sepamos sepáis sepan	supiera supieras supiera supiéramos supierais supieran	sabe sabed	
saldría saldrías saldría saldríamos saldríais saldrían	salga salgas salga salgamos salgáis salgan	saliera salieras saliera saliéramos salierais salieran	sal salid	
sentiría sentirías sentiría sentiríamos sentiríais sentirían	sienta sientas sienta sintamos sintáis sientan	sintiera sintieras sintiera sintiéramos sintierais sintieran	siente sentid	advertir mentir preferir
sería serías sería seríamos seríais serían	sea seas sea seamos seáis sean	fuera fueras fuera fuéramos fuerais fueran	sé sed	
tendría tendrías tendría tendríamos tendríais tendrían	tenga tengas tenga tengamos tengáis tengan	tuviera tuvieras tuviera tuviéramos tuvierais tuvieran	ten tened	contener mantener obtener sostener
vendría vendrías vendría vendríamos vendríais vendrían	venga vengas venga vengamos vengáis vengan	viniera vinieras viniera viniéramos vinierais vinieran	ven venid	convenir
vería verías vería veríamos veríais verían	vea veas vea veamos veáis vean	viera vieras viera viéramos vierais vieran	ve ved	

著者紹介
山村ひろみ（やまむら ひろみ）
　九州大学名誉教授

スペイン語 24 課 ［改訂版］

2024 年 2 月 1 日　印刷
2024 年 2 月 10 日　発行

著　者© 山 村 ひ ろ み
発行者　　岩 堀 雅 己
印刷所　　株式会社三秀舎

発行所　101-0052 東京都千代田区神田小川町 3 の 24
　　　　電話 03-3291-7811（営業部）, 7821（編集部）　株式会社　白水社
　　　　www.hakusuisha.co.jp
　　　　乱丁・落丁本は、送料小社負担にてお取り替えいたします。

振替 00190-5-33228　　　　Printed in Japan　　　　株式会社島崎製本

ISBN978-4-560-09958-2

重版にあたり，価格が変更になることがありますので，ご了承ください．

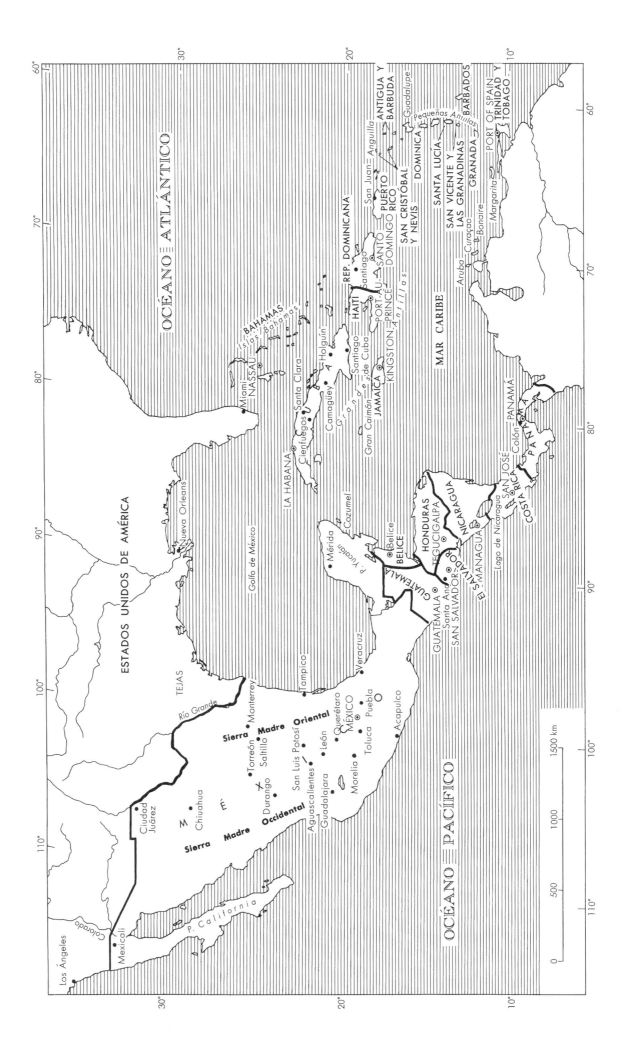